Moeda e crise econômica global

FUNDAÇÃO EDITORA DA UNESP

Presidente do Conselho Curador
Mário Sérgio Vasconcelos

Diretor-Presidente
José Castilho Marques Neto

Editor-Executivo
Jézio Hernani Bomfim Gutierre

Superintendente Administrativo e Financeiro
William de Souza Agostinho

Assessores Editoriais
João Luís Ceccantini
Maria Candida Soares Del Masso

Conselho Editorial Acadêmico
Áureo Busetto
Carlos Magno Castelo Branco Fortaleza
Elisabete Maniglia
Henrique Nunes de Oliveira
João Francisco Galera Monico
José Leonardo do Nascimento
Lourenço Chacon Jurado Filho
Maria de Lourdes Ortiz Gandini Baldan
Paula da Cruz Landim
Rogério Rosenfeld

Editores-Assistentes
Anderson Nobara
Jorge Pereira Filho
Leandro Rodrigues

Luiz Afonso Simoens da Silva

Moeda e crise econômica global

© 2014 Editora Unesp
Fundação Editora da Unesp (FEU)
Praça da Sé, 108
01001-900 – São Paulo – SP
Tel.: (0xx11) 3242-7171
Fax: (0xx11) 3242-7172
www.editoraunesp.com.br
www.livrariaunesp.com.br
feu@editora.unesp.br

CIP – Brasil. Catalogação na publicação
Sindicato Nacional dos Editores de Livros, RJ

S579m

Silva, Luiz Afonso Simoens da
   Moeda e crise econômica global / Luiz Afonso Simoens da Silva. –
1.ed. – São Paulo: Editora Unesp, 2015.

   ISBN 978-85-393-0565-0

   1. Neoliberalismo.   2. Política econômica.   I. Título.

15-20497   CDD: 338.9
                                                  CDU: 338.1

Editora afiliada:

Em memória da esposa Neusa.
Para os filhos Roberto, Marcos e Cristina.
Para os netos Maitê, Bernardo, Daniel e Eduardo.
Para os amigos Amir Khair, José Luiz Conrado Vieira e Lenina Pomeranz,
pelo apoio e sugestões.
Para Tullo Vigevani, professor e incentivador.

Sumário

Prefácio   9
Marcos Antonio Macedo Cintra

Apresentação   13

Parte I
Raízes estruturais da crise econômica global

1 Instabilidade financeira sistêmica   19
2 Ordem econômica de Bretton Woods   47
3 Progressivo abandono de Bretton Woods   63
4 Concentração da renda e da riqueza   85

Parte II
Anos 2000: auge e crise sistêmica

5 "Último baile da Ilha Fiscal" e crise hipotecária de 2007   107

6 Crise na zona do euro   129
7 Impactos da crise global no Brasil   155

Parte III
Desenvolvimentos recentes e perspectivas

8 Reforma do sistema monetário internacional   175
9 Abertura externa brasileira e integração financeira   209
10 Algumas palavras (in)conclusivas   231
11 Referências bibliográficas   243

Prefácio

Marcos Antonio Macedo Cintra[1]

De forma simples e direta, mas sem perder o rigor, Luiz Afonso quer dialogar com o leitor especializado e o não especializado em questões monetárias e financeiras. Nesse esforço, ele realiza um amplo panorama da história monetária e financeira do século XX e início do século XXI, explicitando as enormes assimetrias na ordem monetária global, sob o predomínio incontestável do dólar como unidade de conta, meio de pagamento e reserva de valor, e as características das diversas crises financeiras ocorridas no período, de maneira didática e precisa. Seguramente, alcançará um grande número de leitores interessados em compreender as vicissitudes do sistema monetário e financeiro internacional.

---

1 Doutor em Ciência Econômica pela Unicamp, integrante do Conselho Editorial da revista *Economia e Sociedade*, do Instituto de Economia da Unicamp, e da *Novos Estudos*, do Centro Brasileiro de Análise e Planejamento (Cebrap). Técnico de Planejamento e Pesquisa do Instituto de Pesquisa Econômica Aplicada (Ipea), na Diretoria de Estudos em Relações Econômicas e Políticas Internacionais.

A sistematização das principais tendências da economia e do sistema monetário-financeiro internacional serve de pano de fundo para pensar o Brasil. Como funcionário público, que dedicou toda a sua vida a enfrentar essas questões – inclusive em difíceis negociações –, a partir de suas posições ocupadas no Banco Central do Brasil, ele se aposentou e continuou refletindo e discutindo sobre como fazer o país crescer, competir em âmbito internacional, se inserir na ordem monetária e financeira mundial, distribuir renda e riqueza, eliminar a pobreza extrema etc. O livro é resultado dessas reflexões, mas também de seus cursos, no âmbito de um programa de especialização em negociações internacionais na Universidade Estadual Paulista (Unesp), Pontifícia Universidade Católica de São Paulo (PUC-SP) e Universidade Estadual de Campinas (Unicamp).

Sua participação no Programa Nacional de Pesquisa em Desenvolvimento (PNPD) do Instituto de Pesquisa Econômica Aplicada (Ipea) auxiliou-o no processo de consolidação de sua visão sobre o que estava acontecendo no mundo e no Brasil. Assim, retomou vários materiais publicados ou por publicar, acrescentou novas análises e interpretações e procurou explicitar sua compreensão da dinâmica da economia mundial e brasileira e da lógica de funcionamento do sistema monetário e financeiro internacional. Detalhou as principais inovações financeiras – Asset Backed Securities (ABS), Mortgage-Backed Security (MBS), Collateralized Debt Obligation (CDO), Asset-Backed Commercial Paper (ABCP), Credit Default Swap (CDS), Special Investment Vehicle (SIV) etc. –, bem como a interconexão dos sistemas bancários com as instituições não bancárias – fundos de investimento, fundos de pensão, fundos de riqueza soberana, fundos de *private equity*, companhias de seguro, bancos de investimento etc. –, conformando o *shadow banking system* (sistema bancário paralelo). Inovações e arranjos institucionais que estão por trás da crise financeira global. Simultaneamente, discute a natureza desequilibrada da inserção externa brasileira, caracterizada por uma ampla integração do sofisticado sistema financeiro doméstico com o internacional – abertura da conta de capital do balanço de pagamento – e uma restrita integração da estrutura produtiva doméstica com as cadeias produtivas globais – resultando em um déficit crescente da indústria manufatureira. Trata-se, portanto, do coroamento de uma vida dedicada ao bem comum e ao debate, franco e honesto.

A história-analítica construída por Luiz Afonso nos ajuda a compreender ainda que a resposta que os Estados Unidos estão dando ao enfraquecimento relativo do seu poder global – guerra no Iraque, guerra no Afeganistão, guerra na Síria, longa crise econômica e financeira, ascensão econômica e militar da China – deflagra um processo de reconfiguração dos instrumentos, mecanismos e práticas de exercício de sua hegemonia. O que desencadeia reações da China, da Alemanha, do Japão, da Rússia, da Índia. Essa competição interestatal e intercapitalista acirrada produzirá novos contornos na arquitetura, na governança e na dinâmica da economia capitalista mundial. Vale dizer, a economia global prenhe de transformações está sendo mais uma vez redesenhada a partir do seu centro hegemônico.

A nova correlação de forças – econômicas, políticas, diplomáticas – no mundo auxiliará a reconfiguração da economia brasileira e dos países da América do Sul? Luiz Afonso também auxilia no debate sobre os avanços e os limites do modelo de "desenvolvimento inclusivo" brasileiro – baixo dinamismo do produto e do investimento privado e público, deterioração das contas externas, volatilidade do mercado cambial, elevadas taxas de juros, com melhora relativa das condições de vida das populações mais pobres (aumento do salário mínimo e do emprego formal, bem como de diversos programas de transferência de renda). E ousa um toque de otimismo, ao final, salientando uma movimentação entre os países em desenvolvimento rumo ao fortalecimento de suas próprias regiões, por meio da criação de fundos monetários emergenciais e de instituições voltadas ao financiamento do desenvolvimento.

Apresentação

Este livro nasceu de reflexões desenvolvidas ao longo das aulas dadas desde 2005 no curso de Especialização em Negociações Econômicas internacionais, da Universidade Estadual Paulista (Unesp), que deram origem a três ensaios publicados na página eletrônica do Instituto de Estudos Econômicos e Internacionais (IEEI), entre 2009 e 2012. Ele amadureceu entre 2010 e 2012 em textos preparados como pesquisador do Instituto de Pesquisa Econômica Aplicada (Ipea), no âmbito do projeto Arquitetura Financeira Internacional.

O foco das discussões sempre foi colocado nas questões monetárias e financeiras de interesse dos países emergentes, especialmente a partir dos anos 2000, quando ocorreu a ascensão da China como agente central da nova configuração econômica mundial. Em 2005-2006, período em que ainda estavam relativamente vivas na lembrança as dificuldades enfrentadas durante a crise asiática e da América Latina da década de 1990, deu-se ênfase à necessidade de estabelecer uma nova arquitetura financeira mundial, ao novo padrão de financiamento externo dos países emergentes, à integração financeira regional e ao papel

dos organismos financeiros, especialmente ao polêmico desempenho do Fundo Monetário Internacional (FMI) naquela crise.
Esses temas ainda predominaram em 2007, mas a crise das hipotecas dos Estados Unidos já reverberava nos debates. Analistas discordavam a respeito de sua origem, se falta de liquidez ou de solvência, e gravidade, se a recuperação seria rápida ou lenta, e propunham soluções como a manutenção do crescimento econômico ou a opção por aperto fiscal. Enquanto isso, a crise então restrita às hipotecas imobiliárias nos Estados Unidos se expandiu dos segmentos *subprime* para os *prime*, dos mercados financeiros para os reais e atravessou o Atlântico, onde atacou as economias do Leste Europeu e, depois, a periferia da zona do euro. Passados seis anos de recessão, a crise ainda caminha e faz estragos por onde passa.

As aulas, desde então, focaram os rumos da crise econômica global. Enquanto as economias centrais se debatiam com tendências recessivas na América e na Europa, a China continuava a se expandir, influenciando positivamente o comércio de países emergentes, por meio de sua insaciável demanda por produtos primários. Com o deslocamento no eixo da economia mundial para a Ásia, os países emergentes começaram a assumir um papel mais ativo na política internacional. Chamados a ampliar suas contribuições aos organismos financeiros, só aceitaram fazê-lo como contrapartida de aumento em sua influência na governança mundial. Esse é um dos pontos de maior divergência entre países avançados e emergentes, com repercussões importantes no encaminhamento da agenda mundial.

Em 2013, voltou-se a falar que os horizontes estavam se desanuviando. Os Estados Unidos já estariam recuperando suas taxas de crescimento econômico e, em dezembro, o país começou a reverter as políticas excepcionais tomadas para evitar uma depressão nos moldes da crise de 1929. Ainda não se poderia dizer o mesmo em relação à zona do euro, mas já teriam sido afastadas as fases de desalento mais agudo, em que houve fortes temores de desintegração regional. A China desacelerava seu ritmo de expansão, enfrentava problemas no seu sistema financeiro, mas ainda teria fôlego para crescimento expressivo. Até o Japão estaria apontando para números mais sólidos de crescimento, após uma longa fase de estagnação. É possível que esse quadro otimista esteja ocorrendo, mas não é certo. Outros anos, como 2010, viram tentativas de convencimento dos incautos no sentido de que o pior já havia passado. Em momentos assim, ainda parece melhor deixar as barbas de molho.

Por isso, não foi possível estruturar este livro do jeito que seria desejável: a descrição do começo de uma crise, seus desdobramentos e sua superação. Seria ótimo poder dar um encaminhamento de roteiro de fábula, de onde se tiraria, inclusive, uma lição de moral. Pena que não dá. A saída, assim, foi organizar o texto em três partes. Na primeira, recorreu-se a alguns aspectos históricos ligados à crise de 1929 e aos desenvolvimentos posteriores à Segunda Guerra Mundial para destacar fatores econômicos e financeiros estruturais que favoreceram o advento de recorrentes crises financeiras, que se mostraram cada vez mais intensas e de ciclos mais curtos.

Na segunda parte, uma análise do novo milênio, que se dividiu em duas partes: antes de 2007, que se caracterizou por uma atividade delirante em que se supunha haver o capitalismo superado todos os entraves a uma trajetória futura vitoriosa; e, depois de 2007, quando o mundo caiu na real por conta dos excessos praticados na esteira da desregulamentação dos mercados financeiros. Ênfase foi dada à crise financeira norte-americana, à crise financeira e de dívida soberana na zona do euro e a seus reflexos no Brasil.

Na terceira parte, alguns desenvolvimentos recentes na esfera monetária e um pouco de especulação acerca de passos que poderiam ser dados pelos países da América Latina para se resguardar dos solavancos que o mundo multipolar guarda para as nações mais frágeis financeiramente.

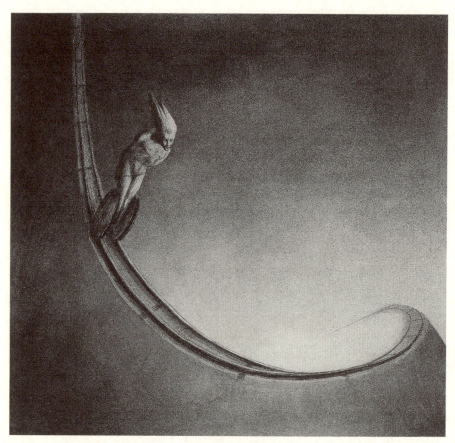

Alfred Kubin (1877/1959), ilustrador simbolista tcheco, *Der Mensch* (O homem), 1902, desenho, Viena, coleção particular.

Parte I
Raízes estruturais da crise econômica global

O dinheiro é uma felicidade humana abstrata; por isso, aquele que já não é capaz de apreciar a verdadeira felicidade humana dedica-se completamente a ele.
Arthur Schopenhauer, Alemanha, 1788/1860.

1
Instabilidade financeira sistêmica

Três fatores predispuseram a economia mundial a enfrentar uma grande crise. O primeiro foi a instabilidade financeira, que sepultou as tentativas de construção de um capitalismo regulado. Com a crescente desregulamentação financeira, a instabilidade cresceu muito após 1970, provocando movimentos tectônicos do capital produtivo e recorrentes crises financeiras nos países em desenvolvimento antes de engolfarem o próprio centro do sistema. O segundo foi que o progressivo abandono das regras estáveis de Bretton Woods trouxe consequências – como o equilíbrio instável nas relações externas entre as principais economias avançadas – que separaram países deficitários, como Estados Unidos e Inglaterra, de países superavitários, como China, Japão e Alemanha. Ao contrário dos mitos em que a opinião pública se baseava, era improvável a manutenção indefinida desse quadro. O terceiro foi o desequilíbrio estrutural entre o crescimento da renda e o da riqueza mundial, que dificulta o processo de retomada do crescimento econômico.

No caso do primeiro fator, instabilidade financeira sistêmica, tudo leva a crer que a crise de 1929 tinha algo a nos ensinar. Ela chamou atenção para o perigo de deixar os sistemas financeiros pouco regulados. Isso valeu para a grande crise do século XX e vale para a primeira grande crise do século XXI. A lição não foi aprendida. Para entender os paralelos e as diferenças entre esses dois momentos da história, é preciso destacar dois fatos que marcaram a primeira metade do século XX e que ainda são influentes nos dias atuais.

O primeiro é o funcionamento do sistema financeiro norte-americano. Ele foi central na crise de 1929, por suas características de atuação em ambiente muito pouco regulado. O governo dos Estados Unidos enfrentou a questão da regulação do sistema financeiro em 1933, com a aprovação da Lei Glass-Steagall, que impôs fortes restrições à atuação dos bancos, subordinando-os, na prática, à ótica produtiva. A partir dos anos 1970, essa lei foi sendo paulatinamente desvirtuada, resultando em novo período de liberalização de segmentos significativos da banca. Depois da crise hipotecária de 2007, o governo norte-americano retomou os esforços no sentido de impor controles às atividades bancárias e a Lei Glass-Steagall voltou à baila, particularmente nas propostas de Paul Volcker, antigo presidente do Federal Reserve (Fed) e então conselheiro do presidente Barack Obama. Retomar essa discussão não é, portanto, um exercício de cunho meramente histórico.

O segundo fato foi a construção de uma ordem econômica para dar conta dos desafios esperados para o pós-Segunda Guerra Mundial. A nova ordem ocorreu com a assunção do bastão de comando pelos Estados Unidos, a potência emergente, tomando-o das mãos do Reino Unido, a potência decadente. O Acordo de Bretton Woods, de 1944, foi a resposta apresentada ao mundo. Também ele, por sua vez, foi sendo progressivamente abandonado, ao longo dos anos 1960 e 1970, mas os pilares que o sustentavam continuam a ser revisitados a cada vez que o capitalismo tropeça em seus próprios pés. A discussão não envolve abordagem histórica linear e se centra nesses pontos, procurando colocá-los em perspectiva. Mas, antes, o que foi a grande crise do século XX?

A crise de 1929

A crise na Bolsa de Valores de Nova York começou nos primeiros dias de setembro de 1929 e viveu a *segunda-feira negra* em 28 de outubro, como resultado de mistura complexa de elementos, que englobou tendências recessivas na economia, inviáveis pressões sobre a Alemanha por pagamentos de reparações da Primeira Guerra Mundial, uma frenética busca por acumulação de ouro pelas potências europeias, com o consequente aumento nas taxas de juros, e intensa especulação em papéis na Bolsa. Estatísticas dos Estados Unidos mostram que a economia entrara em recessão em agosto por conta de um processo de superacumulação de capital, particularmente nos setores mais sensíveis às taxas de juros, como o automobilístico e a construção civil. Quando esses dados vieram a público, muitos meses mais tarde, o leite já havia derramado.

A consequência natural nos casos de "esvaziamento de bolha" é a parada do investimento, o desemprego e a recessão. Ahamed (2010, p.321) cita artigo de Keynes, de 1930: em 1929, a produção industrial caiu 30% nos Estados Unidos, 25% na Alemanha e 20% na Grã-Bretanha. Mais de 5 milhões de trabalhadores procuravam emprego nos Estados Unidos, 4,5 milhões na Alemanha e 2 milhões na Grã-Bretanha. Os preços das *commodities* despencaram no mundo inteiro, depois da quebra da Bolsa de Nova York. Café, algodão, borracha e trigo caíram mais de 50%, o que implicou que grandes produtores como Brasil, Argentina e Austrália saíssem do padrão-ouro e deixassem suas moedas se desvalorizar. No mundo industrializado, os preços caíram 15% no atacado e 7% para o consumidor. A paralisação dos negócios se expandiu para o segmento bancário, que gozava de ampla liberdade para operações com depósitos à vista e a prazo e nos mercados de títulos, o que o tornava historicamente instável.

Dois pontos ressaltam as peculiaridades da sociedade norte--americana no período anterior à criação do Fed, em 1913. O primeiro é que a história da regulamentação prudencial de seu sistema financeiro se diferencia das metrópoles europeias. Ao contrário destas, os norte-americanos sempre deram preferência à liberdade econômica com relação a qualquer intervenção pública, mas, se essa intervenção tivesse que ocorrer, a preferência recaía nos estados federados, e não no governo nacional. Logo, a Constituição dava ao governo federal o direito de emitir moeda e contrair dívidas, mas nada dizia acerca do controle das instituições financeiras, que acabaram ficando a cargo dos próprios bancos privados, operando com licenças estaduais. O segundo é que a ampla liberdade de atuação resultou em que as funções dos bancos – empréstimos comerciais, fiança e seguro, subscrições de títulos empresariais e intermediação financeira –, que eram exercidas por profissionais distintos, fossem unificadas no banqueiro de investimento (Kregel, 2012, p.32-33).

Essa contradição entre poder local e governo central trouxe consequências. No plano estadual, houve concentração em poucos bancos de investimento, que agiam como os bancos universais atuais. Era grande sua atuação na área das operações de mercado de capitais, colocando em mercado títulos corporativos e, muitas vezes, vendendo estes para si mesmos. A regulamentação estava mais voltada a assegurar o valor de resgate de suas notas promissórias colocadas em circulação. No plano federal, ao contrário, a regulamentação dos bancos nacionais passou a exigir que as atividades se restringissem às de banco comercial.

Não é estranho, portanto, que a criação do Fed tenha ocorrido em 1913, mas que, na década de 1920, somente metade de seus mais de 25 mil bancos tivesse aderido ao sistema. Como havia grande concentração nas operações de crédito, boa parte do sistema era constituída por bancos pequenos, bastante especializados e dependentes das condições econômicas de suas localidades. Por isso, sua instabilidade estrutural levava a que, a cada ano, cerca de quinhentas instituições fossem à falência (Ahamed, 2010, p.334).

Na década de 1920, o lucro dos bancos de investimento aumentou muito. A expansão do mercado de capitais tornava baratas as operações de captação de recursos por meio da emissão de títulos empresariais. Eram mais caras as operações de empréstimos em bancos nacionais, que operavam pressionados pelo Fed com relação às taxas de juros cobradas da clientela. Com risco de desaparecerem, os bancos comerciais acabaram beneficiados pela Lei Pepper-McFadden, de 1927, que permitiu aos bancos nacionais comprar e vender notas e debêntures. Também nesse segmento foi reconstituída a unidade de funções bancárias (Kregel, 2012, p.34-35). Tal era a situação durante colapso do mercado de ações em 1929.

Na virada de 1930 para 1931, houve a quebra fraudulenta de um importante banco de Nova York. O Fed conseguiu evitar uma reação em cadeia entre os bancos locais, de modo que o pânico usual em crises bancárias não se generalizou. Ahamed (2010, p.332) lembra que todos os "barões de Wall Street" se diziam seguidores de Walter Bagehot, que escrevera o clássico *Lombard Street* na Inglaterra do século XIX. Seguindo seus preceitos, em crises financeiras era necessário "emprestar livre, ousadamente", mas com uma ressalva: os bancos centrais deviam ampliar seus empréstimos sem hesitação apenas nos casos de bancos com "falta de liquidez temporária", nunca com bancos "realmente insolventes".

O controle de uma situação que poderia gerar pânico foi, portanto, uma Vitória de Pirro, que apenas retardou os momentos mais dramáticos da crise bancária. Não houve corrida generalizada aos bancos, mas seus correntistas se tornaram mais cautelosos e começaram a sacar suas poupanças de todos os bancos, fossem eles saudáveis ou não. Na outra ponta, para diminuir os riscos, os bancos começaram um processo de desalavancagem, reduzindo suas exposições ao crédito e passando a exigir o pagamento de três ou quatro dólares de dívidas antigas para cada dólar de novo empréstimo. O efeito disso foi uma procura desenfreada por liquidez em todo o sistema. Nesse contexto, a ressalva de Walter Bagehot não fazia mais sentido e a sua manutenção pelos "barões" está na raiz do agravamento da crise em 1933.

Enquanto o presidente eleito Franklin D. Roosevelt fazia o juramento de posse, os mecanismos de crédito e monetário foram sendo paralisados.

Os bancos de 28 estados da União estavam completamente fechados; nos 20 estados restantes, parcialmente fechados. Em três anos, o crédito concedido pelos bancos comerciais tinha encolhido de US$ 50 milhões para US$ 30 milhões. A quarta parte dos bancos do país tinha quebrado. Quase metade dos financiamentos de imóveis deixou de ser paga e os preços dos imóveis caíram 30%. Com a contração no crédito, foram fechadas minas e fábricas em todo o país. As siderúrgicas funcionavam a menos de 12% de sua capacidade. As fábricas de automóveis, que já tinham produzido 20 mil carros por dia, agora produziam menos de 2 mil. A produção industrial reduziu-se à metade, os preços despencaram 30% e a receita nacional se contraiu de mais de US$ 100 bilhões para US$ 55 bilhões. Um quarto da força de trabalho [...] estava sem emprego. No país mais rico do mundo, 34 milhões de homens, mulheres e crianças, de uma população total de 120 milhões, não tinha fonte visível de renda. (Ahamed, 2010, p.384)

Uma comparação da Inglaterra com os Estados Unidos mostra as diferenças de tratamento dado aos bancos e às moedas nacionais. Eichengreen (2011, p.35-36) relata que, em 1930, a Inglaterra deu ajuda aos bancos em detrimento da defesa da libra, isto é, suas autoridades acharam mais importante tentar estabilizar o sistema financeiro que estabilizar a moeda.

Os bancos ingleses, sob pressão dos novos concorrentes norte-americanos, haviam oferecido crédito aos exportadores alemães em condições preferenciais. Quando a crise financeira se alastrou para a Alemanha, Berlim congelou o serviço da dívida, abrindo buracos nos balanços patrimoniais dos bancos londrinos e, também, no balanço de pagamentos da Inglaterra.

No sistema de padrão-ouro, a uma perda do metal correspondia um aumento na taxa de juros para atrair capitais internacionais. Esse aperto monetário não ocorreu e, por isso, a Inglaterra teve de abandonar o sistema em setembro de 1930 e promover a desvalorização da libra. Nos Estados Unidos, a decisão foi oposta. O Fed aumentou a taxa de redesconto, que estabilizou o dólar à custa da continuidade de quebra de parte do sistema bancário: cerca de setecentos bancos faliram nos primeiros nove meses de 1930 e estimava-se que metade do sistema estava insolvente.

A crise de 1929 foi, enfim, um acúmulo de crises, que começou como processo de superacumulação de capital, se explicitou no *crash* da Bolsa, foi seguido por pânicos bancários a partir do final de 1930 e pela destruição das finanças europeias em 1931 (Ahamed, 2010, p.425). Sua consequência mais importante, para efeitos da reestruturação da economia mundial, foi o abandono do padrão-ouro pelos Estados Unidos em 1933 e, depois, por França, Bélgica, Países Baixos, Suíça, além dos demais membros do "bloco do ouro". O processo só foi concluído em 1935 e 1936.

A Lei Glass-Steagall de 1933 e o sistema financeiro de crédito

A reorganização do sistema financeiro norte-americano foi efetuada pelo Glass-Steagall Act, de 1933, durante a presidência de Franklin D. Roosevelt. Ela veio em resposta à especulação dos bancos, cujas operações levaram a descasamentos de prazos e liquidez, e visava garantir o valor dos depósitos bancários. Para restringir as operações em mercado de capitais, ela impôs especialização das instituições financeiras e rígida segmentação ao mercado, seja por tipo de instituição, seja por limitada regionalização. Instituiu-se um *sistema financeiro de crédito* no qual as relações jurídicas subjacentes aos atos de emprestar e tomar emprestado indicavam que os bancos assumiam riscos nas duas pontas: eles eram os responsáveis pela segurança dos depósitos, bem como os tomadores de risco nos empréstimos concedidos.

Embora tenham continuado as captações de recursos por meio de bônus e notas, o sistema financeiro foi segmentado de forma a ser operado por instituições especializadas: os bancos comerciais captando depósitos à vista para emprestar em prazos curtos (financiamento de capital de giro e empréstimos pessoais); os bancos de investimento, proibidos de captar depósitos à vista, utilizando-se de depósitos a prazo remunerados para emprestar em prazos médios e longos (como o crédito para investimento); e os bancos hipotecários se encarregando dos depósitos de poupança para financiamentos imobiliários. Além disso, uma nova regra (Regulamento Q) do Fed proibiu pagamento de juros sobre depósitos à vista, para impedir riscos derivados da concorrência. Essa estrutura durou até os anos 1970.

A esse respeito, Krugman (2009a) afirmou que, mesmo durante o mercado altista dos anos 1960, finanças e seguros representavam menos de 4% do Produto Interno Bruto (PIB). "A relativa desimportância das finanças se refletia na lista de ações que formavam a Média Industrial Dow Jones, que até 1982 não continha uma única companhia financeira." O sistema financeiro era conservador e só captava recursos para empréstimos. Mesmo assim, ele "serviu a uma economia que duplicou os índices de padrão de vida no período de uma geração". Ou seja, até o início dos anos 1970, as instituições financeiras claramente se subordinavam aos interesses da produção e do comércio.

O desenvolvimento de sistemas financeiros de mercado

Os muros da segmentação do sistema financeiro norte-americano começaram a receber os primeiros petardos atirados pelo neoliberalismo emergente nos anos 1970. Inúmeras são as explicações para isso. Os choques do petróleo, que acirraram tensões inflacionárias, fizeram surgir um novo conjunto de proprietários significativos do estoque de riqueza financeira no Oriente Médio. O desenvolvimento do euromercado no final dos anos 1960, resultado da internacionalização financeira ocorrida na esteira da transnacionalização produtiva, levou a banca internacional a se adaptar ao estreitamento do tempo no prazo das aplicações desses novos investidores e ao aumento da quantidade e da complexidade das operações ativas, com descasamentos frequentes de prazos em relação aos recursos.

A crise da dívida dos países em desenvolvimento no início dos anos 1980, por sua vez, levou os bancos a se transformarem numa espécie de agenciadores de negócios ou consultores financeiros que aproximavam investidores e empresas, ganhavam comissões e não mais assumiam os riscos de crédito. Ou seja, tensões inflacionárias, taxas de câmbio flutuantes, taxas de juros voláteis e movimentos livres de capital levaram ao início de um período de grandes incertezas. Ademais, o progresso tecnológico teve forte impacto no sistema financeiro por meio dos setores de comunicação e informática, que propiciaram o desenho de contratos complexos e o surgimento de instituições financeiras mundializadas, que passaram a funcionar 24 horas por dia. Como consequência, o mercado financeiro começou a contornar a regulamentação a que se submetiam os bancos comerciais, cujos depósitos à vista não podiam ser remunerados. O surgimento de fundos de mercado monetário (*money market funds*) propiciou a abertura de contas NOW (*Negotiable Order of Withdrawal*) que não representavam mais que depósitos à vista remunerados (Cardim de Carvalho et al., 2007, p.258). Concretamente, a liberalização foi aprofundada com o DIDMCA (Depositary Institutions Deregulation and Monetary Control Act), de 1980, cujo objetivo foi estender as contas NOW para todo o país e igualar as condições de concorrência entre as instituições depositárias. Uma série de outras restrições também já havia sido removida por meio de decisões administrativas ou por processos judiciais. De todo modo, o marco fundamental dessas mudanças foi a aprovação da Lei de Modernização de Serviços Financeiros (Lei Gramm-Leach-Bliley), de 1999, que sepultou a Lei Glass-Steagall e eliminou restrições à formação de instituições bancárias diversificadas.

Nesse caldo de cultura, houve uma clara tendência de universalização dos bancos e de aumento da importância da negociação bancária com notas promissórias e bônus, ao tempo em que ocorria a emergência de companhias de investimento e de investidores institucionais: fundos de pensão e companhias de seguro. Os números mostram a velocidade da expansão do mercado internacional em bônus e ações. As transações com esses ativos nos Estados Unidos passaram de 8% do PIB, em 1980, para 213% do PIB, em 1997; de 7% para 253% na Alemanha; e de 8% para 96% no Japão. Os demandantes preferenciais desses títulos foram os fundos de pensão, que cresceram cerca de sete vezes em valor, e as companhias de investimento, que multiplicaram seus recursos por quatro, entre os anos 1980 e 1990.

Os bancos começaram, então, a diminuir a participação do crédito tradicional, em favor da intermediação na emissão de títulos de curto prazo, notas promissórias em especial, e de médio e longo prazo, como notas e bônus. Nesses casos, as necessidades de financiamento passaram a ser satisfeitas por meio da colocação de papéis nos mercados monetários e de capitais. Os primeiros sinais de criação de um sistema financeiro de mercado, aliás, apareceram bem antes: em 1960 nos Estados Unidos e Canadá, com o início de transações com notas promissórias (*commercial papers*) na França em 1985, no Reino Unido em 1986, no Japão em 1987 e na Alemanha em 1991.

Com a nova configuração e porte dos investidores, as instituições financeiras puderam introduzir uma série de inovações de modo a melhor enfrentar as flutuações de juros e câmbio, que resultaram do abandono das regras de Bretton Woods, que havia tornado muito mais incerto o cálculo capitalista de gastar. E ao lado dos *sistemas financeiros de mercado* aparecem os processos de revitalização de sistemas financeiros paralelos (*shadow financial systems*), básicos para explicar a crise econômica global. Três delas são aqui mencionadas: securitização, derivativos e introdução de novas formas de supervisão bancária.

A securitização se refere à transformação de uma obrigação financeira gerada em processo de oferta de crédito em um papel colocado diretamente no mercado. Nesse sentido, ela é um processo de desintermediação financeira, vale dizer, externo ao sistema tradicional de crédito bancário. Isso implicou a necessidade de contratos padronizados e sistemas de gerenciamento modernos e transparentes. Ela pode se apresentar como securitização primária. Por exemplo, a colocação de um instrumento de dívida (*commercial paper, note, bond*) por uma empresa junto a um investidor, em vez de tomar crédito de curto prazo para capital de giro ou de longo prazo para investimento junto a um banco. Pode também, e isso é mais importante para os desenvolvimentos futuros do mercado, se apresentar como uma securitização secundária, em que ocorre a transformação, por um banco, de créditos concedidos anteriormente em "títulos" repassados a investidores (*empacotamento*), liberando os bancos para retomar o processo de concessão de crédito. Esse processo permitiu aos bancos dos Estados Unidos reduzir expressivamente crises habitacionais, repassando aos aplicadores o risco de crédito e de juros, mas está na origem da crise atual dos créditos *subprime* (Fahri; Cintra, 2008; Cintra, 2008).

Os derivativos nasceram com uma adaptação da negociação com contratos futuros em *commodities* para a negociação com ativos financeiros, no início dos anos 1980. Os derivativos são ativos cujo valor é derivado de outros. Eles oferecem a possibilidade de decompor e negociar em separado os riscos de uma transação financeira. Por exemplo, permitem separar riscos de juros de riscos de câmbio; riscos de produção de riscos de variação de preços. Não são instrumentos de captação ou alocação de poupança; são instrumentos de diversificação, limitação e controle de risco. Eles permitem a realização de operações de *hedging* ou proteção e funcionam como instrumentos de combate às incertezas econômicas. Por isso, há uma grande concentração em derivativos de juros e câmbio (Fahri; Cintra, 2008).

Os números mostram que o grande aumento no volume dos contratos negociados não ocorreu tanto nas bolsas de valores, regulamentadas e transparentes, mas sim que houve uma tendência de concentração nos mercados de balcão, não regulamentados e pouco transparentes. Em 1991, o valor dos contratos negociados (um valor virtual) era de cerca de US$ 8 trilhões, sendo de 43% a participação dos negócios em bolsas de valores e de 57% em mercado de balcão. Em 2000, o montante em aberto dos contratos já havia multiplicado por treze, atingindo US$ 109 trilhões: 13% em bolsas e 87% em mercados de balcão.

A liderança desse processo de passagem dos tradicionais sistemas financeiros de crédito para os sistemas financeiros de mercado ficou com os Estados Unidos, seguido pelo Reino Unido e Japão. Sistemas financeiros europeus, como França e Alemanha, só avançaram mais celeremente para a nova estrutura com a unificação monetária. Apesar de se constituírem, em volume, nos maiores mercados de crédito e de capitais, os bancos dos Estados Unidos apresentam uma menor dependência relativa de operações de crédito captadas junto aos sistemas financeiros doméstico e internacional, com relação aos bancos europeus. Consequentemente, há evidências de que sua exposição e seu risco de crédito são menores. Esse é um dos motivos de fundo que diferenciam a situação atual dos bancos norte-americanos e a dos europeus.

Duas foram as principais consequências do retorno à estrutura de bancos universais ou múltiplos. A primeira é que esses bancos diversificados e integrados, as *holdings* financeiras, se tornaram muito maiores que os bancos comerciais e de investimento que lhes deram origem. A segunda é que essa integração permitiu economias de escala e redução de risco da *holding*, mas as operações internas de *hedge cruzado* fizeram aumentar a correlação de riscos entre elas. Foi no momento em que se permitiu que essas instituições se tornassem enormes e integradas que foram lançadas as bases do "grande demais para quebrar" (*too big to fail*). Além disso, em vez de elas distribuírem o risco para seus segmentos mais capazes de absorvê-lo, "este foi distribuído e redistribuído até que fosse impossível localizar quem era de fato a contraparte responsável por assumi-lo" (Kregel, 2012, p.39-40).

Uma última inovação não tem a ver com instrumentos de mercado, mas com formas de atuação dos bancos centrais com relação à supervisão bancária. No passado, quatro foram os estágios de regulamentação. O mais antigo (primeiro estágio), típico da era de sistemas financeiros de crédito, era o da regulação dos balanços, adotado por décadas, que implicava controle direto sobre as operações domésticas, banimento de algumas delas e imposição de indicadores quantitativos para julgamento da adequação das operações permitidas, com ênfase para os indicadores de liquidez (Mendonça, 2004, p.27-37). Era uma regulamentação doméstica, nacional, sem maiores preocupações em seguir padrões internacionais.

Em 1988, houve o reconhecimento de que a regulação doméstica não mais dava conta de um sistema financeiro internacionalizado e que era necessário uniformizar a concorrência entre os bancos norte-americanos, obrigados a manter um nível de capital próprio mais elevado que os bancos japoneses e europeus. Por isso, foi aprovado o Acordo de Basileia I, que introduziu novidades como coeficientes de capital mínimo ponderados pelo risco. Os bancos internacionalizados deveriam consolidar suas posições, de forma a considerar todas as suas estruturas e operações realizadas no exterior.

Muito rapidamente, Basileia I (segundo estágio) foi substituído por Basileia II (terceiro estágio), que procurava definir melhores coeficientes de capital e tratar das inovações financeiras. Houve um reconhecimento de que Basileia I não era suficiente para tratar o risco de crédito (risco de inadimplência), quando as instituições financeiras já diversificavam suas atividades para fugir das atividades reguladas. O sistema se tornou paradoxalmente mais frágil, expondo-se a outros tipos de risco, como os de mercado, ligados à volatilidade em indicadores macroeconômicos (taxas de juros, variações cambiais, derivativos ou risco político) e os de falta de liquidez.

O quarto estágio derivou de uma alteração feita em 1996 ao acordo original de Basileia e procurou captar esse risco de alterações nos mercados nos modelos de adequação de capital. Por isso, ele aproximou "a exposição do risco dos ativos bancários à realidade do potencial das perdas impetradas a estes". Além disso, o Comitê de Basileia "permitiu o desenvolvimento de modelos internos de avaliação por parte das instituições financeiras [...] condicionados à aprovação das autoridades supervisoras domésticas e deveriam cumprir uma série de requisitos", de forma a permitir a aferição de seus padrões qualitativos, particularmente quanto aos grupos de riscos captados pelo modelo e à apresentação de testes que explicitassem a margem de precisão e aplicação do modelo (Gamba, 2009, p.43).

A supervisão ficou mais complexa depois de Basileia II, quando, em meados dos anos 1990, firmou-se a posição de que a regulação prudencial teria de se voltar para as estratégias de investimento das instituições financeiras. A complexidade prática para a supervisão abriu espaço para a autorregulação, em que o banco definia sua estratégia de investimento e os controles ficavam com complexos modelos quantitativos de cálculo de risco, como o VAR (*value at risk*) e os testes de resistência (*stress tests*). O entusiasmo por essa supervisão arrefeceu após a crise asiática de 1997-1998, o *default* russo de 1998 e a quebra do *hedge fund* Long-Term Capital Management (LTCM), que repousava em modelo desenvolvido por dois prêmios Nobel de Economia.

Na atualidade, o Comitê de Supervisão Bancária fez recomendações no sentido de mudar a metodologia de apuração do capital das instituições financeiras, no escopo do que ficou conhecido como Basileia III. Seu foco foi o de melhorar a qualidade desse capital, por meio de restrição de aceitação de instrumentos financeiros sem capacidade de absorver perdas e pela dedução de ativos de baixa liquidez. Além disso, foi reforçada a exigência mínima de capital. O Banco Central do Brasil já aderiu às normas, cuja aplicação se iniciou em outubro de 2013 e, de acordo com o cronograma internacional aprovado, será concluída na virada para o ano de 2022 (Banco Central, 2013a).

No fechamento desta seção, cabe uma digressão acerca da comparação de sistemas financeiros importantes. Como já mencionado, os primeiros sistemas financeiros de mercado foram introduzidos nos Estados Unidos e na Inglaterra. Dois sistemas importantes, Japão e Alemanha, receberam influência norte-americana, mas mantiveram características próprias.

O sistema japonês era idêntico ao dos Estados Unidos quanto à segmentação e especialização, mas continuou se baseando mais no crédito que nas operações de colocação de títulos em mercados de capitais. Nele, coexistem pelo menos bancos comerciais, instituições para crédito de longo prazo, instituições para financiamento de pequenas empresas, para apoio a setores especiais, bancos especializados em câmbio, companhias que transacionam títulos e instituições financeiras públicas. O peso do crédito público sempre foi significativo, como reflexo de uma estrutura econômica peculiar, que subordinava empresas produtivas, empresas de comercialização (*tradings*) e bancos à orientação do Ministério da Indústria e Comércio (MIT). Há, também, instituições financeiras que apoiam setores que são objeto de escolha política e que captam poupanças por meio do correio (Cardim de Carvalho et al., 2007, p.261).

O mercado de capitais também se desenvolveu muito, com aumento de participação de investidores institucionais, como companhias de seguro, fundos de investimento e companhias financeiras do mercado de títulos (*securities finance companies*). Até 1975, houve um período de grande crescimento, apesar ou por causa da tripla segmentação das operações do sistema: as de curto das de longo prazo, as instituições depositárias das negociadoras de títulos; as fornecedoras de crédito das aplicadoras em títulos. Após 1975, o aumento da securitização implicou a redução da presença dos bancos e incentivou-os a fazer novos tipos de associações, tornando menos nítidas as divisões originais. A competitividade do sistema foi prejudicada pela demora do Ministério das Finanças em autorizar a introdução de inovações mais facilmente aprovadas em outros países. A estagnação corroeu a segregação das instituições financeiras japonesas, que começaram a migrar para fora do país. "Na década de 1990, os bancos japoneses tiveram de lidar com os efeitos do fim da bolha especulativa que marcou os mercados de ações do país na década de 1980" (Cardim de Carvalho et al., 2007, p.261). Aquela década foi, portanto, marcada por uma reestruturação ampla visando promover fusões, desregular mercados e aumentar a competitividade e a solidez de suas instituições.

No sistema alemão prevalece a estrutura de banco universal (Lei Bancária de 1961), assim entendidas as instituições financeiras que operam com depósitos, empréstimos, descontos, corretagem de títulos, serviços de custódia, fundos de investimento, garantias financeiras etc. Seu sistema financeiro é dividido em quatro ramos: bancos universais privados, dominados por quatro grandes instituições que lideram o financiamento ao comércio internacional e à indústria e que operam por meio da colocação de títulos e não pela captação de depósitos; os bancos públicos de poupança operam com depósitos do público e fazem empréstimos pessoais, para governos locais e empréstimos hipotecários; cooperativas de crédito; e instituições com funções especiais, como o financiamento das atividades de construção e de crédito ao consumidor. Em 1988, 94% dos bancos eram universais, mas a sofisticação de seu mercado financeiro ainda era pequena, com poupadores preferindo depósitos bancários ou papéis emitidos pelos bancos.

Em síntese, talvez seja válido afirmar que na esfera anglo--saxônica prevalecem sistemas financeiros privados de mercado. No Japão e Alemanha, apesar da forte pressão dos Estados Unidos no sentido da liberalização, prevalecem ainda hoje sistemas financeiros de crédito: naquele, de base pública; neste, de base privada.

Os primeiros sinais da crise a caminho

A liberalização financeira emitiu inúmeros sinais que apontavam para a crise iniciada em 2007. Crises financeiras no capitalismo não surpreendem, particularmente no ambiente desregulamentado iniciado na era Ronald Reagan (1981-1989). Morris (2009, p.74-105) descreve quatro delas, decorrentes do "implacável impulso desregulador" daquele governo, que permitiu a transferência crescente e constante de atividades de empréstimos para instituições não regulamentadas. Seus números dizem que, em 2006, apenas 25% de todos os empréstimos ocorriam em setores regulamentados, contra 80% vinte anos antes. Contribuíram para isso três situações que começaram nos anos 1980: o *boom* das aquisições alavancadas, que foi de 1982 a 1989; o caso das companhias de poupança e empréstimo (*S&L*, na sigla em inglês), que começou em 1980 e entrou em colapso em 1994; e a quebra do mercado de ações em 1987. Em 1998, somou-se a elas a crise do LTCM. Todas se originaram em inovações em investimentos financeiros e anteciparam a grande crise financeira iniciada em 2007.

A essência dessas inovações esteve em reconfigurar ativos financeiros, como hipotecas imobiliárias, títulos de mercados emergentes e empréstimos bancários de risco, que eram até então bastante diversificados. A ideia foi torná-los homogêneos, diferenciando-os apenas em termos de montantes e prazos de vencimento, de modo a adquirirem características de *commodities* e poderem ser negociados em mercados futuros e de derivativos.

O primeiro caso, aquisições alavancadas, ocorreu em uma época em que os mercados de ações estavam muito deprimidos pela perda de competitividade norte-americana diante dos concorrentes estrangeiros. A ineficiência da empresa norte-americana se manifestava sob a forma de inchaço no número de cargos elevados e de segmentos administrativos e pela acumulação de ativos não produtivos. A solução encontrada foi vender várias dessas empresas a fundos de investimento, que se endividaram para tanto e as entregaram a administradores que aplicaram fortes medidas de enxugamento, divisão e redirecionamento de objetivos. Isso permitiu a eliminação de inconsistências e o aumento da produtividade das empresas.

Numa situação como essa era de se esperar que as empresas reestruturadas tivessem melhoradas as cotações de suas ações, mas os preços explodiram nas colocações de novas emissões primárias (Initial Public Offering – IPO, na sigla em inglês), propiciando ganhos espetaculares a investidores institucionais, como os fundos de pensão. Morris (2009, p.75-76) denomina de "década da ganância" o período entre 1986-1989 em que sobrava dinheiro à caça de negócios dessa natureza. Em essência, em tempos de grande liquidez e forte especulação, quaisquer novas emissões primárias de ações eram rapidamente adquiridas, ainda que seus preços não refletissem seus fundamentos econômicos. Houve pelo menos um caso, soube-se depois, de empresa que estava insolvente no mesmo dia de sua aquisição. Tudo terminou em 1989, quando os bancos se recusaram a financiar uma dessas operações, trazendo paralisação aos outros negócios que estavam na fila.

O segundo caso foi o das companhias de poupança e empréstimo (S&L), que nasceram no governo de Franklin D. Roosevelt para ampliar o acesso das famílias à casa própria. Para dar liquidez ao mercado de empréstimos imobiliários, foram criadas as agências semipúblicas Fannie Mae de 1938 (Federal National Mortgage Association – FNMA) e Freddie Mac de 1970 (Federal Home Loan Mortgage Corporation – FHLMC), que compravam as hipotecas das S&L. Como, porém, essas agências poderiam manter sua própria liquidez?

Nos anos 1980, a preocupação com o sistema de crédito imobiliário era que grandes investidores, fossem eles agressivos ou conservadores, não se sentiam atraídos pelo instrumento das hipotecas. Elas não eram vistas como suficientemente isentas de risco e também não mostravam perspectivas de retornos atraentes. A inovação que deu fôlego a esse mercado foi a *Collateralized Mortgage Obligation* (CMO), inventada em 1983 por um banco a pedido da Freddie Mac.

Com o novo instrumento, as hipotecas recepcionadas pelas agências foram "fatiadas" em, pelo menos, três categorias, ou *tranches*, e repassadas para fundos de investimento. A camada superior de cerca de 80% das hipotecas ficava com classificação de risco triplo-A, porque tinha prioridade no recebimento de todos os fluxos de caixa. Isso atendia à ampla parcela de investidores conservadores que, para fugirem do risco de inadimplência, aceitavam rendimentos baixos. Era pouco provável que mais de 20% das hipotecas não fossem pagas pelos devedores. A camada intermediária de 20% de recursos fazia jus a rendimentos um pouco melhores, à custa de um risco maior, e a camada inferior, marginal em termos percentuais, podia auferir altos rendimentos porque quase todo o risco ficava em suas mãos.

Tecnicamente, nada contra a concepção das CMO. Ela foi um caso típico de um instrumento financeiro que se prestava ao processo de securitização, com isso azeitando o mercado hipotecário. O problema é que suas primeiras emissões foram tão lucrativas que atraíram todo tipo de firmas de *Wall Street*. A engenhosidade original, que facilitou o acesso à casa própria a um custo relativamente barato para as famílias norte-americanas, voltou-se ao desenvolvimento de estruturas cada vez mais complexas, com um número tão grande de *tranches* que escapava ao entendimento de quem quer que fosse. "Quanto mais se mexia numa *tranche* com classificação alta, mais violento era o impacto sobre as fatias com baixa classificação da base da pilha, ou seja, sobre o 'lixo tóxico', como elas eram chamadas" (Morris, 2009, p.87-88).

A crise estourou em 1994, quando o Fed subiu as taxas de juros dos títulos federais, embaralhando toda a matemática que fundamentava os modelos de cálculo de preços e rentabilidades e, no limite, implicando perdas totais de cerca de US$ 55 bilhões, representativos de 5% de um mercado de US$ 1 trilhão. Foram necessários cerca de três anos para que os mercados de hipotecas se recuperassem.

O terceiro caso foi o da quebra do mercado de ações em 1987. A inovação foi um produto denominado *seguro de portfólio*. Naquele ano, depois de muito tempo andando de lado, o índice Dow Jones da Bolsa de Valores subia com força. Um indicador clássico de desempenho nesse mercado é a relação preço/lucro (P/L), que relaciona quanto se paga por uma ação com o tempo necessário a recuperar esse investimento inicial, medido em termos de lucros futuros esperados. À época, essa relação chegou a 21, isto é, seriam necessários os lucros de 21 anos futuros para que o investidor recuperasse o preço pago na ação.

O receio de que os preços já estivessem excessivamente elevados se constituiria em freio natural a mais especulação não fosse a introdução do *seguro de portfólio*, que prometia usar derivativos (opções), futuros financeiros e matemática avançada para a diversificação das carteiras, principalmente de fundos de pensão e de investimento. Na prática, esse seguro representava uma estratégia de proteção da carteira de investimentos contra flutuações indesejadas. E, como toda a estratégia de proteção, ela vale para o caso de uma empresa, mas não para todo o mercado, ao mesmo tempo.

Antecipando 2007, uma série de notícias desalentadoras vindas da política mundial e de desencontros entre Estados Unidos e Europa acerca da administração do dólar, o Índice Dow Jones inverteu sua tendência de alta. Os prejuízos se generalizaram e, junto com eles, as perdas das corretoras que operavam *seguros de portfólio*. O Fed teve de derramar dinheiro para sustentá-las. Os mercados se acalmaram, "mas cerca de US$ 0,5 trilhão em riqueza de mercado tinha sido destruído" (Morris, 2009, p.94).

O quarto caso implicou o uso de sofisticados modelos matemáticos em operações relativamente simples de arbitragem.

A capacidade de processamento dos computadores em 1993 já permitia que eles rastreassem preços de instrumentos financeiros comparáveis, operando de modo a ganhar nas suas reduzidas diferenças de preços. Tal foi o caso do LTCM, um *fundo de hedge* criado por um operador do Salomon Brothers que buscava lucrar, por exemplo, explorando divergências no *spread* de transação entre títulos do Tesouro norte-americano.

Para que essas operações fossem interessantes, era fundamental operar com grandes volumes de recursos, isto é, com grande endividamento. A partir de 1994, os lucros auferidos foram enormes: 20% no primeiro e mais de 40% nos dois anos seguintes. Como nos casos anteriores, o sucesso atraiu enxames de outros operadores que procuraram mimetizar as estratégias do LTCM. Bancos, por exemplo, seguiram estratégias semelhantes às do LTCM, mas em escala muito maior. Isso durou até 1998, quando a crise asiática intranquilizou os mercados e a Rússia ameaçou parar de pagar o serviço de sua dívida externa. Nesse ambiente de risco elevado e crescente, o LTCM achou que um *default* russo era impensável e se empanturrou com seus *eurobônus*. A busca por ganho fácil o enlouqueceu. A Rússia deu, de fato, o calote e o LTCM morreu. Quando seus números se tornaram conhecidos pelas autoridades do Fed, ficou claro que o fundo tinha posições de US$ 100 bilhões com uma base de capital de apenas US$ 1 bilhão. Uma alavancagem de cem por um. Os bancos, porém, tinham US$ 3 trilhões comprometidos em apostas semelhantes e, por isso, o Fed entendeu ser necessário salvar o LTCM. Um descontrole que voltaria a ser visto quando se desvendaram as alavancagens dos bancos de investimento em 2008.

O que ensinam esses casos? Primeiro, que não foram as inovações *per se* que levaram ao fracasso de suas experiências, mas seu uso abusivo em ambiente desregulamentado. As aquisições alavancadas foram fruto de manipulação em ambiente de grande liquidez. As hipotecas residenciais passaram por um processo de securitização, a partir de 1983, que as autonomizou com relação a seus riscos e retornos originais. A quebra das ações em 1987 decorreu do uso de derivativos e futuros para proteger um improvável *seguro de portfólio*, que vale para um investidor individual, mas que agrava a situação em momentos de crise global. O colapso do LTCM foi um exemplo perfeito dos finais sempre grotescos das experiências de endividamento excessivo na busca por lucros dissociados dos fundamentos econômicos. Segundo, que políticas monetárias e fiscais anticíclicas, adotadas na época da "repressão financeira" dos anos 1950-1960, foram estendidas para a fase de desregulamentação. Seu foco continuou a ser posto em impedir crises de desvalorização de ativos e de capital. Criou-se "uma situação de *'moral hazard'* permanente: seja qual for a intensidade do porre de otimismo, os bancos centrais vão interferir para curar a ressaca. Os mercados cultivaram a percepção de que as perdas seriam limitadas" (Belluzzo, 2012, p.139).

Os sistemas financeiros de mercado nos anos 2000

As já mencionadas tendências de universalização dos bancos, de emergência de investidores institucionais e de introdução de inovações financeiras só fizeram se aprofundar nos anos 2000. Já foi visto que, entre os anos 1980 e 1990, os fundos de pensão cresceram sete vezes e as companhias de investimento, quatro. O FMI, de acordo com o Global Financial Stability Report de setembro de 2011, atualizou os números dos ativos administrados por investidores institucionais domiciliados em dezessete países da OCDE. Partindo de 1995, quando esses ativos somavam US$ 22 trilhões, o montante cresceu para US$ 60 trilhões, em 2009. Como porcentagem do PIB, verificou-se forte acréscimo no total dos ativos administrados: de 103% em 1995, para os 174% de 2009.

Dados do Banco de Compensações Internacionais (Bank for International Settlements – BIS, na sigla em inglês) indicam que as emissões globais de títulos domésticos e internacionais, isto é, bônus e instrumentos dos mercados monetários, somavam US$ 36 trilhões, ou 113% do PIB global, em 2000 e continuaram a aumentar independentemente da crise global, fechando 2011 em US$ 98 trilhões, ou 141% do PIB global. Um acréscimo de quase três vezes. Aumentos aconteceram na França, Reino Unido, Japão e Estados Unidos. Dentre o G-5, a Alemanha foi o único país a reduzir a emissão de títulos domésticos e internacionais.

A maior concentração bancária na Europa fica evidenciada pelo peso dos ativos agregados dos três maiores bancos por país, que representavam 406% do PIB nos Países Baixos, 336% no Reino Unido, 334% na Suécia, 250% na França, 189% na Espanha, 121% na Itália e 118% na Alemanha. No Japão, porém, essa relação não ia além de 92% do PIB e, apenas, 43% do PIB nos Estados Unidos (Veron, 2011b, p.3). Quanto à participação do crédito, dados do BIS mostram que, em 2010, o saldo global de crédito como proporção do PIB equivalia a 48% do PIB, sendo 112% nos bancos europeus, 49% no Japão e somente 20% do PIB nos Estados Unidos. Ao final de 2011, o impacto do processo de desalavancagem dos bancos europeus e japoneses já estava evidente, mas o mesmo não ocorria nos Estados Unidos. O crédito global como proporção do PIB recuou de 48% para 43%, caindo de 112% para 78% na Europa e de 49% para 19% no Japão. Os Estados Unidos apostaram na mão oposta e aumentaram o crédito de seus bancos de 20% para 41%.

Explicação para isso se deve à constatação de que os bancos universais europeus cumprem um papel maior na intermediação financeira, uma vez que, nos Estados Unidos, intermediários financeiros não bancários e mercado de capitais fornecem uma proporção maior do total de capital e crédito. Além disso, os bancos europeus se expandiram agressivamente na esfera internacional. Na média, os maiores bancos europeus têm 57% de suas atividades no exterior, no resto da Europa e do mundo em proporções iguais, enquanto a média norte-americana não supera 22%.

Em outro segmento, os números do mercado de derivativos continuaram a se mostrar explosivos e menos transparentes. Já se viu que, em 2000, o volume em aberto dos contratos havia se multiplicado por treze vezes com relação a 1991, atingindo US$ 109 trilhões: 13% em bolsas e 87% em mercados de balcão. Essa tendência se manteve até 2009, quando o montante atingiu o recorde de US$ 677 trilhões, recuando US$ 8 trilhões em 2010, por conta da crise econômica global, mas voltando a crescer para US$ 685 trilhões em 2012 ou dez vezes o PIB mundial: 8% em bolsas e 92% em balcão.

O destaque, no caso, está nos derivativos de crédito (Credit Default Swaps – CDS, na sigla em inglês), uma operação de troca de risco de crédito, em que os bancos protegem suas posições por meio de venda de derivativos de crédito para especuladores, muitos dos quais são companhias de seguro. Eles funcionam, portanto, como uma espécie de seguro; não há securitização, e eles também têm sido chamados de "transferência de calote de crédito", em que uma instituição financeira se compromete a comprar o crédito em poder do banco se houver quebra, ao custo de um prêmio. Elas começaram a ocorrer em 2005, que fechou o ano com cerca de US$ 14 trilhões em aberto. O ápice dessas negociações se deu em 2007, quando as posições em aberto em CDS atingiram US$ 58 trilhões, quatro vezes mais no curto espaço de tempo de dois anos. É isso que está na raiz do forte envolvimento e do risco de quebra das companhias de seguro, tipo AIG, a maior seguradora do mundo (Cintra, 2008). Depois da eclosão da crise, elas vêm caindo e fecharam 2012 em US$ 25 trilhões. Essas operações tiveram impacto fortíssimo nos mercados em 2007.

O McKinsey Global Institute (MGI) (2013, p.1-12), por sua vez, atualizou um levantamento periódico do estoque de ativos financeiros globais ou riqueza financeira, assim entendida a soma do valor de mercado das ações em circulação, dos títulos de dívida pública e dos títulos de dívida privada: bônus de instituições financeiras e não financeiras e empréstimos securitizados e não securitizados, de uma amostra de 183 países. Considerando-se que o FMI conta com 188 membros, pode-se afirmar que os números do MGI abarcam praticamente todo o universo (Gráfico 1). Esse exercício vem sendo executado desde 1980 (MGI, 2009), quando, com metodologia um pouco diferente da atual, os ativos financeiros globais somaram US$ 12 trilhões, distribuídos entre ações (25% do total), títulos de dívida pública e de dívida privada (17% cada) e depósitos bancários (42%). A profundidade financeira, definida pela razão percentual Ativos Financeiros Globais (AFG)/PIB, era de 119% à época, isto é, os ativos financeiros eram somente 19% maiores que o PIB dos países considerados.

Gráfico 1 – Profundidade financeira (AFG/PIB %)

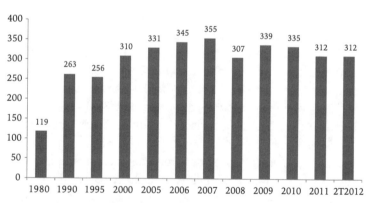

Fontes: McKinsey Global Institute, set. 2009 e mar. 2013.

Os números a partir de 1990 foram revistos de forma a redistribuir os depósitos bancários entre títulos de dívida pública e privada. Por eles, verifica-se o comportamento dos ativos financeiros globais no período 1990-2000. Uma das principais conclusões é que a profundidade financeira, que já havia subido US$ 44 trilhões, para 263%, entre os anos de 1980 e 1990, continuou sua ascensão até 2000, quando atingiu a marca de 310%, equivalente a US$ 119 trilhões ou cerca de dez vezes o estoque do ano de 1980. O crescimento mais rápido dos ativos financeiros globais relativamente ao PIB é uma evidência do processo de "financeirização" da riqueza.

O crescimento da profundidade financeira continuou até 2007, quando atingiu 355%. O impacto da crise em 2008 fez ela recuar para 307%, com uma queima de riqueza financeira da ordem de US$ 17 trilhões. A queima ficou concentrada no valor de mercado das ações em circulação, com perda de US$ 28 trilhões, uma vez que houve aumento nos estoques dos títulos de dívida pública, US$ 3 trilhões, e dívida privada, US$ 8 trilhões (Gráfico 2). Em 2009 e 2010, o processo de perda de valor das ações se reverteu, assim como se acelerou o processo de emissão de títulos de dívida pública e privada. Houve nova queda no valor das ações em 2011 e pequena recuperação até o 2º trimestre de 2012, mas ainda muito longe do pico de 2007.

Gráfico 2 – Ativos financeiros globais (US$ trilhões)

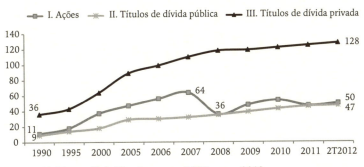

Fontes: McKinsey Global Institute, set. 2009 e mar. 2013.

2
Ordem econômica de Bretton Woods

Tem sido comum a afirmação de que os desencontros atuais na esfera das relações internacionais guardam similaridade com a década de 1930. É fácil entender o motivo. Nos anos anteriores à Primeira Guerra Mundial, vigia o padrão libra-ouro, um sistema que entrou em colapso no período entre guerras, caracterizado pela ausência de controles das transações financeiras internacionais, isto é, pela grande liberdade para os fluxos de capital. Aos governos, não sobrou senão o retorno a medidas protecionistas de caráter unilateral: imposição de controles sobre os fluxos internacionais de capitais e desvalorizações competitivas. Em essência, na falta de uma ordem supranacional, não restava a cada país senão a prática do *beggar-thy-neighbor* ("empobrecer seu vizinho"), ou seja, transferir o problema para seus parceiros.

Essa questão foi enfrentada ao final da Segunda Guerra Mundial, em 1944, quando 44 países se reuniram na pequena cidade de Bretton Woods, próxima a Washington, para discutir a nova ordem econômico-financeira internacional. No palco, se enfrentaram os protagonismos do decadente império britânico e da ascendente potência norte-americana. Nesse embate foram definidos os objetivos, os pilares básicos e a criação dos instrumentos necessários a sustentar tal estrutura.

O anfitrião Harry Dexter White, representante do Tesouro norte-americano, tinha boas credenciais acadêmicas, mas nada que o aproximasse em prestígio dos delegados britânicos. Seu peso derivava da situação econômica que os Estados Unidos desfrutavam à época. Além de produtor industrial dominante, eles detinham cerca de três quartos das reservas de ouro e eram o único país com capacidade de mobilizar recursos para a reconstrução europeia e japonesa.

Roberto Campos (1994, p.62), então um jovem terceiro-secretário de embaixada, foi um dos representantes da delegação brasileira, chefiada pelo ministro da Fazenda Artur de Souza Costa. Para um atento leitor atual, em que é intensa a diplomacia econômica do Itamaraty, não deixa de ser surpreendente constatar que um profissional em início de carreira tenha recebido tal responsabilidade. É que os tempos eram outros: a diplomacia da época enfatizava questões políticas e de protocolo; economia era para outras esferas. O jovem diplomata, que viria a ser ministro de Estado, embaixador e senador da República, já deixava entrever a veia irônica e o gosto pelas tiradas de espírito. Ele conta que corria nos bastidores da reunião a piada que, entre a financeiramente fragilizada delegação inglesa, John Maynard Keynes era visto como inteligente demais para ser coerente, Denis Robertson era demasiado coerente para ser inteligente e Lionel Robbins não seria, em verdade, nem inteligente, nem coerente. Maldade com Robbins, que percorreu carreira impecável na London School of Economics.

O que sempre se diz é que a reunião de Bretton Woods foi dominada pelo intelecto de Keynes e pelo poder econômico de

White. Ela foi bem mais do que isso. Naquele momento de "troca de guarda", o mundo presenciou os esforços de Keynes para manter algum poder nas mãos da velha potência, que, embora vitoriosa na guerra, não mais conseguia assegurar a conversibilidade da libra esterlina e que previa tornar-se deficitária no balanço de pagamentos por longo tempo (Campos, 1994, p.64). Na outra ponta, a nova potência deixou claro o papel que pretendia ocupar no mundo, o que não incluía qualquer concessão aos interesses do passado. O Velho Mundo precisava ser enterrado, assim como as velhas alianças. Nesse confronto assimétrico, os Estados Unidos não aceitaram uma governança bilateral partilhada com a Inglaterra, que, fatalmente, teria de dar peso à manutenção de algumas "preferências do Império". Para escapar ao que hoje chamaríamos de G-2, White impôs uma estrutura multilateral à reunião, que incluiu os países em desenvolvimento, impondo centralidade nas questões da abertura dos mercados de bens e serviços.

Os objetivos perseguidos foram a retomada do comércio internacional, abalado pela Primeira Guerra Mundial e pela crise de 1929, o fortalecimento dos Estados nacionais e o controle dos fluxos financeiros internacionais de curto prazo. Relações externas estáveis foram vistas como fundamentais à maximização do poder das políticas econômicas internas dos países-membros do acordo e os fluxos financeiros deveriam limitar-se às necessidades do comércio internacional. Os pilares básicos do acordo foram a determinação de taxas de câmbio administradas, taxas de juros fixas e controle dos fluxos financeiros internacionais de curto prazo. Também foram criados o Banco Internacional para Reconstrução e Desenvolvimento (Banco Mundial) e o Fundo Monetário Internacional (FMI), de modo a torná-los as instituições destinadas a dar coerência ao sistema em construção. O Banco Mundial foi pensado como um instrumento necessário à reconstrução da Europa e do Japão, que viram suas infraestruturas e seus aparatos produtivos serem dizimados durante a Segunda Guerra Mundial. A Europa contava, ainda, com o reforço do Plano Marshall. O FMI teve um papel menor que o de um banco central, restringindo-se à correção de desequilíbrios de balanço de pagamentos dos países-membros, porque os Estados Unidos não queriam atribuir grande responsabilidade aos países credores, fundamentalmente eles mesmos.

As discussões giraram em torno de dois pontos interconectados: a falta de mecanismos de ajuste automático do balanço de pagamentos e a criação de um banco ou de um fundo monetário internacional para enfrentá-los.

A falta de mecanismos de ajustamento automático do balanço de pagamentos

É possível que Keynes se mostrasse incoerente, vez por outra, como pretendia a piada. Nada mais humano. Se há um campo, porém, em que ele não podia ser assim tachado é em sua visão do emprego. Talvez porque tivesse visto os horrores da Primeira Guerra Mundial em todo seu desperdício de vidas humanas e materiais; talvez pela acurada percepção de que a Paz de Versalhes de 1919 tivesse imposto reparações de guerra impossíveis de serem cumpridas pela Alemanha, abrindo caminho para uma nova guerra; ou talvez pela dor de ver milhões de desempregados na depressão decorrente da crise de 1929, o fato é que Keynes perseguia um modelo de ajuste externo das economias capitalistas que minimizasse os impactos recessivos nos países com problemas em seus balanços de pagamentos.

O objetivo último de Keynes era a busca incansável do pleno emprego. Ele estava consciente dos males que a especulação trazia ao bom funcionamento do sistema econômico e costumava afirmar que ela só não seria má se fosse apenas uma gota d'água num oceano de estabilidade. O plano que ele desenvolveu para ser apresentado em Bretton Woods previa a introdução de três pilares: taxas de câmbio administradas, taxas de juros fixas e controle dos fluxos financeiros internacionais. O plano permitia que os países mudassem suas taxas de câmbio e aplicassem restrições comerciais, de modo a reconciliar pleno emprego com desequilíbrios externos. Para operacionalizar esse sistema, era fundamental a existência de um mecanismo de ajuste, uma câmara de compensação, que ele denominou de Clearing Union, que funcionasse como banco central dos bancos centrais e que criasse uma moeda mundial (*bancor*) voltada à liquidação das posições dos bancos centrais. Isso permitiria uma redistribuição mais equilibrada da liquidez entre países deficitários e superavitários. A ideia que jogava, e ainda joga, contra a corrente era que por países desequilibrados não se deviam entender somente os deficitários nas contas externas; os países superavitários também o eram e tinham responsabilidade simétrica de mesma magnitude. Por isso, os superávits deveriam ser depositados em moedas nacionais na instituição a ser criada, que as converteria numa moeda de reserva, o bancor, a ser emprestado aos países deficitários com um custo módico.

Jan Kregel (2009, p.1-9) segue a trilha de Keynes para lembrar que o padrão-ouro e o novo padrão-dólar apresentavam problemas similares: não tanto pela moeda utilizada, libra ou dólar, mas pelos mecanismos de ajustamento aos desequilíbrios globais. Ao contrário do senso comum à época de Bretton Woods, quando prevaleciam taxas fixas de câmbio, o ajuste externo não se dava via arbitragem no preço do ouro, em diferentes países, mas via redução do nível de atividade, particularmente do nível de emprego. Esse processo costuma ser referido como viés deflacionário das políticas de ajustamento e é assimétrico, porque afeta todos os países deficitários menos o país emissor da moeda de referência, mas não os superavitários, que podem continuar acumulando seus superávits sem que isso afete suas políticas domésticas.

Em outras palavras, o problema monetário central que sempre se colocou, e ainda se coloca, não está na moeda em que ele se baseia, mas na inadequação dos mecanismos de ajuste dos balanços de pagamentos. Pouco importa, portanto, que a moeda mundial seja o dólar, o euro, o yuan ou os Direitos Especiais de Saque (DES), a moeda fiduciária do FMI, que têm sido muito lembrados nas propostas atuais de reforma monetária. Antes de se pensar em mudar a moeda de referência, é preciso enfrentar a questão dos mecanismos de ajustamento entre superavitários e deficitários.

A recomendação de Keynes estava voltada a introduzir simetria no processo de ajustamento ao propor que os ajustes fossem feitos tanto pelos países deficitários quanto pelos superavitários. Belluzzo (2005, p.226), porém, acerta ao classificá-la de "utopia monetária", de plano "excessivamente avançado para o conservadorismo dos banqueiros privados, mas também inconveniente para a posição amplamente credora dos Estados Unidos".

Confirmando a crítica de Belluzzo, a posição dos Estados Unidos era diferente. Boughton (2002, p.8), um historiador do FMI, relata que, ainda na década de 1930, White já havia percebido a importância de criar uma zona para o dólar, que lhe permitisse enfraquecer a influência da libra esterlina. Refletindo a posição credora do país e o temor de uma depressão após o esforço de guerra, o Plano White focava na defesa de um mundo livre de restrições ao comércio e, para tanto, era preciso contar com taxas administradas de câmbio supervisionadas por uma instituição internacional com poder de veto sobre mudanças nas paridades (Eichengreen, 1996, p.93-96).

Para manter a confiança dos investidores no valor da moeda mundial, a questão para White ficou centrada no uso do dólar conversível em ouro a uma taxa fixa contra a proposta de Clearing Union de Keynes. Como os Estados Unidos haviam acumulado a maior parte do estoque mundial de ouro, eles fixaram o dólar ao ouro numa relação fixa de US$ 35 por onça de ouro. Os demais países preferiram, então, fixar suas paridades ao dólar. Essa estrutura contrapunha o único emissor da moeda mundial ao resto do mundo, mas deixava uma porta aberta: a capacidade de manter a paridade fixa dependia da disposição do emissor da moeda referência em continuar a incorrer em déficits em montante suficiente a suprir a demanda global por liquidez.

A criação do Fundo Monetário Internacional (FMI)

Perdida a batalha da Clearing Union e do bancor, isto é, a luta pela utilização de um mecanismo de ajustamento dos desequilíbrios externos, Keynes procurou garantir uma segunda opção: aparelhar o nascente FMI para atuar como emprestador de última instância do sistema. Seus números apontaram para a necessidade de o Fundo ter acesso a vastos recursos, que deveriam ser fornecidos majoritariamente pelos norte-americanos, em última análise. Se, por exemplo, os Estados Unidos mantivessem sua tendência de superávits em conta corrente, eles poderiam ser obrigados em uma crise a financiar o total dos direitos de saque no FMI dos outros países, que seria da ordem de US$ 23 bilhões, mais US$ 3 bilhões de seu próprio país, totalizando US$ 26 bilhões. À época, isso era dinheiro que não acabava mais.

White não aceitou essa colocação alegando que o "Congresso norte-americano não assinava cheques em branco". Sua contraproposta limitou o total de direitos de saque no Fundo a US$ 5 bilhões, sendo de US$ 2 bilhões a obrigação norte-americana. Nos artigos do acordo, as quotas do FMI foram afinal fixadas em US$ 8,8 bilhões, próximas aos cálculos de White e muito distantes dos de Keynes. A diferença de valores aponta para as dificuldades que o novo sistema ainda teria de enfrentar. Apenas para exemplificar, o montante de recursos aportados ao FMI era muito inferior à ajuda intergovernamental norte-americana no âmbito do Plano Marshall, que atingiu cerca de US$ 13 bilhões, entre 1948-1951, para fazer frente às demandas da Europa por alimentos e investimentos (Eichengreen, 1996, p.96-98).

Boughton (2002, p.16-17) faz cálculos interessantes para mostrar o nível de escassez de recursos do sistema proposto, que lhe restringiu a capacidade de funcionar como um emprestador de última instância. No Plano White, elaborado em 1942, o total das quotas seria de US$ 5 bilhões, algo como 10% do comércio mundial (exportações mais importações) pré-Guerra. O Plano Keynes de 1943 defendia a fixação de um montante de quotas da ordem de 75% do comércio pré-Guerra, mas acreditava que a parcela utilizável normalmente não deveria ir além de 25% a 50% do total das quotas. Com 50% de acesso, a percentagem de financiamento disponível aos membros subiria para 38% do comércio mundial. Os US$ 8,8 bilhões fixados em Bretton Woods, embora totalmente acessíveis aos membros, não iam além de 18% do comércio mundial. Em 1947, a União Soviética (URSS) e alguns países de sua órbita decidiram não se juntar ao Fundo. As quotas caíram para US$ 8 bilhões, quando o comércio mundial já dobrara com relação ao volume estimado nos planos iniciais. A falta de novos aportes provocou a queda nos recursos disponíveis para 8% do comércio.

Finalmente, o autor calculou o comércio mundial de 2000 em US$ 12 trilhões, quando os membros do FMI já podiam sacar até 300% de suas quotas. O resultado mostra recursos estagnados em 8% relativamente ao ano de 1947 e abaixo da liquidez definida em Bretton Woods, em 1944. E a liquidez já era muito pequena àquela época, como ficou claro logo nos primeiros anos de funcionamento do sistema, quando, ao contrário da previsão de recessão econômica no pós-Guerra, o comércio mundial cresceu muito rapidamente e houve falta de liquidez em dólares.

Uma atualização feita neste livro para o ano de 2009, com a crise global em andamento, mostra que as quotas continuaram a não acompanhar o aumento do comércio mundial. A liquidez disponível ao Fundo caiu para seu nível histórico mais baixo: 3,6%. Em 2010, apesar dos substantivos recursos aportados ao Fundo, o acesso dos países aos recursos disponíveis no FMI não ultrapassou cerca de 8% do comércio mundial, mesmos níveis de 1947. Além do mais, no momento atual as maiores crises ocorrem na conta de capital, dada a liberdade nos fluxos internacionais de capitais, e não tanto na conta de comércio.

A consequência lógica de não se ter introduzido um mecanismo de ajuste automático e de o fundo aprovado em Bretton Woods carecer de recursos suficientes explica o porquê de o FMI jamais ter cumprido o papel de emprestador de última instância do sistema. Os déficits em conta corrente ficaram restritos pelo tamanho das reservas internacionais dos países. Uma regra informal costumava colocar a necessidade de reservas no equivalente a três ou quatro meses de importações. A perspectiva de as reservas caírem abaixo disso costumava levar os países a solicitar apoio do FMI, que sempre impôs condicionalidades em termos de redução de gasto e de desvalorização cambial. Nesse sentido, os desequilíbrios ficavam limitados pelo tamanho das reservas e pelo acesso que o país obtivesse junto aos programas de empréstimos do Fundo. De todo modo, os países deficitários continuaram a ser pressionados a incorrer em ajustamentos recessivos, que gerassem o excedente necessário ao pagamento dos credores internacionais e a servir a dívida com os organismos financeiros internacionais, o que está na raiz de todas as crises posteriores, inclusive a atual.

O Acordo de Bretton Woods resultou em um sistema baseado em taxas administradas de câmbio, taxas fixas de juros, controles sobre a conta corrente e a conta de capitais (permitidos pelo artigo VI do estatuto do FMI por falta de mecanismos de ajuste) e monitoria exercida pelo FMI sobre economias nacionais. O poder do Fundo ficou apoiado em recursos a serem postos à sua disposição em momentos de crise e em sua capacidade de supervisão.

Uma lógica econômica pura defenderia dois pontos: primeiro, que um financiamento disponível à instituição monetária supervisora poderia ser menor (maior), sempre que fosse maior (menor) a flexibilidade da taxa de câmbio; segundo, que, similarmente, quanto menor (maior) o financiamento disponível, maiores (menores) deveriam ser os controles de capitais.

A primeira lógica obviamente não predominou porque, além de os recursos disponibilizados ao FMI terem sido muito inferiores às necessidades de "largada" do sistema, as taxas de câmbio foram fixadas por imposição norte-americana. Por conta disso, o artigo XX do acordo exigiu que cada país declarasse a paridade de sua moeda em termos de ouro ou de uma moeda conversível em ouro – o dólar – e mantivesse sua taxa de câmbio com flutuação de, no máximo, 1%. As paridades cambiais podiam ser mudadas para corrigir desequilíbrios vistos como fundamentais: até 10% de mudança com consulta ao FMI, mas sem necessidade de aprovação prévia; mais do que isso, só com aprovação de três quartos do poder de voto do Fundo. Logo, a segunda lógica prevaleceu com o início de uma época de grandes controles de capitais, mas não foi suficiente para evitar as recorrentes crises do sistema.

Poder e modernidade

Apesar das limitações de Bretton Woods ou por isso mesmo, o período entre os anos seguintes ao fim da guerra e o início da década de 1970 mostrou ser o apogeu do capitalismo industrial norte-americano. Foi uma época de grande prosperidade interna e externa, que favoreceu a recuperação das antigas potências industriais. A hegemonia norte-americana superou os campos da economia e da política, afirmando-se também na cultura.

A reestruturação dos sistemas financeiros domésticos e a posterior definição da nova ordem econômica internacional em Bretton Woods foram funcionais aos interesses dos Estados Unidos, que emergiram da guerra como a grande potência mundial, só ameaçada pela União Soviética. E essa rivalidade, caracterizada por sistemas econômicos e políticos ideologicamente distintos e doutrinariamente contrapostos, levou-os a tomar decisões políticas que transcenderam em muito as esferas econômica, financeira e militar.

Para a superpotência norte-americana, não bastava o domínio econômico; era necessário impor-se ao mundo, particularmente à decadente Europa e à URSS, como a potência cultural do "mundo livre". Era preciso apresentar-se como um império benevolente, no qual as formas de dominação se apresentassem como desejos amplamente partilhados. O mundo precisava gostar e assumir os valores de sua sociedade: cinema, teatro, literatura, vestuário, música, comida, nada escapava a seu crivo. Aí reside a essência do *soft power* dos Estados Unidos.

A arte norte-americana da época, por exemplo, foi colocada como uma questão política. O Departamento de Estado estimulava os mecenas a colocar muito dinheiro em galerias e museus, como o Museu de Arte Moderna (MoMA) de Nova York. Clement Greenberg (2001, p.1-7), um crítico de artes, reinterpretou a arte moderna, desde o final do século XIX, com o objetivo de valorizar o expressionismo abstrato norte-americano na pintura, cujo significado envolvia busca de uma linguagem universal, por meio do uso de técnicas primitivistas, de distorções e deformações e, não menos importante, pela ênfase na bidimensionalidade da obra e pela importância atribuída ao acaso.

Esse movimento não apresentou uma plataforma de ação, um manifesto, nem formou uma escola, em que seus membros produzissem obras a partir de um fio condutor comum. Ao contrário, o que o mercado norte-americano de arte estimulou foram as individualidades, uma característica típica de sua sociedade. De todo modo, ele foi a última das vanguardas da modernidade, o último dos movimentos a rever a história, a revolucionar o campo artístico, a opor-se às normas ditadas pelas academias e a procurar um sentido de transcendência, por meio da busca de misticismo na abstração. Nova York tornou-se a nova Meca das artes, ocupando o espaço até então indisputado de Paris. Nela, brilharam norte-americanos, como Jackson Pollock, e europeus fugidos da guerra na Europa, como Mark Rothko e Piet Mondrian, dentre outros.

O traço marcante da arte moderna sempre foi a busca do novo, do virginal. Tendo isso em mente, o filósofo francês Jean Baudrillard (1986) procurou desnudar a cultura norte-americana em oposição à europeia. Enquanto a Europa estaria fazendo palimpsestos, escrevendo textos sobre textos, cópias sem que houvesse originais, colocando signos sobre signos do passado – numa metáfora a seu aprisionamento a velhos valores –, a América estaria focada na inovação e marcada pelo exagero, pelo extravagante. Por isso, criava signos novos: telas de grandes dimensões na pintura, como consequência natural dos grandes espaços abertos do país, e pinceladas soltas. Era virginal, também, porque sua arte refletiria a postura do homem com relação à natureza infinita, que precisava ser conquistada.

Essa foi a sociedade norte-americana que emergiu no pós-guerra: jovem e imatura, porém dinâmica, ambiciosa e dominadora. E, principalmente, rica. Tais características ficaram evidentes no auge atingido pelo desenvolvimento do capitalismo industrial dos Estados Unidos, que viveu uma era dourada entre o pós-guerra e 1973, quando o dólar começou a flutuar nos mercados. Sua principal marca estava associada aos grandes projetos para a fabricação de aviões, navios, automóveis e tudo o mais que ressaltasse seu poderio. Riqueza era isso: capital físico. Ao final da Segunda Guerra Mundial, mais de metade do produto industrial mundial era feita nos Estados Unidos.

Metaforicamente, talvez se possa falar em decisões de investimento como desejos de "casamento sem divórcio". Não que um investidor não pudesse desfazer-se de sua empresa, assim como casamentos podem acabar, mas que a índole do investidor era a de fazê-la crescer e prosperar. Assim foi introduzida a Pax Americana, que vinha se consolidando desde o início do século XX e era agora favorecida pela frágil condição da Europa e do Japão.

Outra característica básica da modernidade foi o culto do transitório, que nos leva à questão da adaptação do homem ao tempo. Já no final do século XIX, as inovações tecnológicas derivadas da Segunda Revolução Industrial – a revolução do automóvel, que repercutiu nas principais indústrias (aço, vidro, borracha, petróleo etc.) e na configuração das cidades norte-americanas – "aceleraram" o tempo. Isso ficou ainda mais evidente no último meio século, que presenciou uma das mais significativas revoluções tecnológicas da história.

O centro dessa revolução está na tecnologia da informação (microeletrônica, informática e telecomunicações), em torno da qual uma constelação de grandes descobertas e aplicações científicas (em biotecnologia, novos materiais, *lasers*, energia renovável etc.) está transformando a base material de nosso mundo em menos de vinte anos. (Castells, 1993, p.19)

A problemática do homem moderno talvez estivesse, exatamente, na sua dificuldade de adaptação às mudanças nas formas de inserção no mercado de trabalho, nos valores sociais e no sempre mutável desenvolvimento das cidades. Essa aceleração só fez aumentar, à medida que se chegava à contemporaneidade, que entrou em cena por volta de 1970. A diferença é que se o moderno olhava para o futuro, o contemporâneo voltou seu olhar para o passado. Foi um retorno ao passado, mas ao passado recente, ao passado da modernidade. Os críticos começaram então a expressar sua perplexidade. Harvey (1989, p.219-258) também fala em "compressão do tempo-espaço". Ele usa a palavra "compressão" por haverem fortes indícios de que o capitalismo acelerou o ritmo da vida, ao mesmo tempo que superou as barreiras espaciais.

À medida que o espaço parece encolher numa "aldeia global" de telecomunicações e numa "espaçonave Terra" de interdependências ecológicas e econômicas – para usar apenas duas imagens conhecidas e corriqueiras –, e que os horizontes temporais se reduzem a um ponto em que só existe o presente (o mundo do esquizofrênico), temos de aprender a lidar com um avassalador sentido de *compressão* dos nossos mundos espacial e temporal.

Essa compressão do tempo-espaço estaria impondo impactos destrutivos na política, na economia e na vida social e cultural. Uma consequência importante disso seria a de "acentuar a volatilidade e efemeridade de modas, produtos, técnicas de produção, processos de trabalho, ideias e ideologias, valores e práticas estabelecidas".

Jameson (1991), crítico de arte, denunciou a "homogeneização cultural e idiotia promovidas pela lógica do mercado". Foi ele que adaptou o diagnóstico de esquizofrenia usado por Harvey para o tempo atual. Esquizofrênico seria aquele indivíduo sem capacidade de conceber um tempo contínuo. Vivendo a instantaneidade do tempo presente, seria incapaz de relacioná-lo com o tempo passado e de fazer qualquer inferência com relação ao tempo futuro. Tal como o esquizofrênico, seria prisioneiro do presente, naufragado em imagens com significado apenas imediato. Por esgotamento, a busca modernista do "eterno no efêmero" se perdeu na contemporaneidade e a arte foi substituída pela indústria da arte.

Baudrillard (1981) atacou a mesma questão perguntando se o eterno ainda seria possível, numa sociedade saturada de imagens, numa sociedade da visibilidade? Usou, para tanto, uma metáfora que divide as sociedades em erótica e pornográfica. Por tirar algo do real, por estar sempre um passo aquém do real, a sociedade erótica era sedutora, velada. Nós a encontrávamos nas vanguardas modernistas do final do século XIX e início do século XX, ainda crentes no poder de transformação do homem pela arte mesmo que na época do avanço do capitalismo industrial. A sociedade pornográfica, ao contrário, acrescenta algo ao real, está sempre um passo além dele. O conceito de simulacro desse autor equivale ao de um signo que se apresenta mais real que a própria realidade: a uma hiper-realidade. Por isso, nada mais é escondido, tudo é mostrado.

Ao se apropriar dos signos da modernidade, o pós-modernismo se apresentou como uma combinação eclética de signos do passado, com o intuito somente de espantar, desconcertar. Na prática, porém, a contemporaneidade talvez só possa ser definida como esgotamento da modernidade, porque ela não apresenta coerência interna nos paradigmas e críticas que a caracterizem como um movimento pleno de cultura.

Não por acaso, o que ocorria no mundo da cultura encontrava paralelo na esfera econômica. Num ambiente de inadaptações aos valores e à própria vida urbana, de imediatismos que implicam escravização ao "aqui e agora", de consequente perda de quaisquer compromissos com o futuro, começaram a vicejar os novos senhores do jogo. E para esses senhores, o investimento, até então um sacrossanto e redentor conceito que definia o "casamento sem divórcio", perde sua transcendência e se banaliza, ao abandonar o compromisso com a construção de riqueza nova e a assumir a forma de reciclagem de riqueza velha, tal como nos fundos de *private equity* e de *governance*, em que a hora da saída (venda) é definida na entrada (compra). É instituído o "casamento com divórcio programado", onde a riqueza física dá lugar à riqueza financeira, à riqueza de papel, à riqueza líquida.

Ainda que se corra o risco de cair em estereótipos, é difícil resistir à tentação de associar a figura do banqueiro de investimentos à de candidato ideal ao papel de representante da esquizofrenia imediatista e da pornografia de que fala Baudrillard, porque seu descompromisso com o futuro se expressa travestido de ceticismo pós-tudo!

3
Progressivo abandono de Bretton Woods

Ao lado da instabilidade financeira, o segundo fator desestruturador da economia mundial foi o abandono da regulação imposta pelo Acordo de Bretton Woods. O que ocorreu foi que até o final dos anos 1950 houve falta de financiamento em níveis adequados à reconstrução europeia. Nesse período, faltaram dólares nos mercados porque a conta corrente norte-americana era superavitária: média de 0,5% do PIB. Sendo um país credor na conta corrente, os déficits apresentados no balanço de pagamentos estavam associados à conta de capital: déficit médio de 0,4% do PIB. Contabilmente, esse déficit é medido pela diferença entre os ativos de propriedade de norte-americanos no exterior e ativos de propriedade de estrangeiros nos Estados Unidos. Dito de outra forma, o país promoveu a reconstrução europeia e japonesa com investimentos, doações, empréstimos e financiamentos próprios, além de orientar os empréstimos do Banco Mundial no mesmo sentido.

A relativa escassez de dólares gerou inúmeras crises, apesar de os controles cambiais permitidos sob as regras de Bretton Woods terem sido utilizados extensivamente. Uma crise da libra ocorreu em 1947, quando a Inglaterra, sob pressão dos Estados Unidos, tentou restaurar a conversibilidade de sua moeda ao ouro. Na década de 1950, uma série de crises de balanço de pagamentos também se abateu sobre a Alemanha e a França, além de outros países industrializados. No início dos anos 1960, mais uma crise afetou a libra esterlina, valendo como uma antecipação à crise do dólar. Já em 1961, porém, houve falta de recursos no FMI e aumentaram as dificuldades em manter a paridade dólar-ouro.

Apesar disso, as economias europeias e japonesa se recuperaram rapidamente nos anos 1960, ao passo que os fluxos de capitais dos Estados Unidos para o mundo e seus gastos com a Guerra Fria minaram sua posição relativa de força. Na contramão da História, particularmente insensível às derrotas francesas, os Estados Unidos entraram pesadamente no atoleiro da Guerra do Vietnã, que lhes impôs desequilíbrio fiscal crescente e mais de 50 mil mortos. Não é de se estranhar, por isso, o surgimento de uma nova consciência no Ocidente, que propiciou a eclosão de inúmeros movimentos libertários, que sacudiram a política mundial. Na esfera monetária, o sistema começou a decair em meados da década, por conta da nova correlação de forças que levou os bancos centrais europeus a suspeitar do valor do dólar e a contestar os "primeiros sintomas de fadiga do arranjo monetário concebido em Bretton Woods" (Belluzzo, 2005, p.227).

O quadro de instabilidade do dólar está na origem de várias iniciativas e eventos importantes que começaram nos anos 1960: a criação dos Direitos Especiais de Saque (DES), o início das discussões acerca da criação da União Europeia, o "equilíbrio instável" nas contas externas dos países avançados derivado do deslocamento industrial para a Ásia e a "crise asiática" dos países em desenvolvimento.

Os Direitos Especiais de Saque (DES)

O economista belga Robert Triffin foi um crítico dos fundamentos do sistema de Bretton Woods. Para ele, qualquer moeda cujo valor estivesse ligado ao valor do ouro enfrentava a possibilidade de ter seu valor erodido por conta dos humores do mercado; isto é, pela eventual perda de confiança na manutenção de seu valor em ouro. Países superavitários que quisessem manter o dólar podiam fazê-lo indefinidamente, desde que o país emissor, os Estados Unidos, apresentasse déficits crescentes no balanço de pagamentos. Foi o que aconteceu nos anos 1950. Na década seguinte, no entanto, a emissão de dólares excedeu a oferta de ouro, implicando a impossibilidade de se manter a paridade fixa de US$ 35 por onça de ouro. A crise era inevitável, porque o país emissor da moeda internacional teria de tomar medidas voltadas ao equilíbrio doméstico, em detrimento de seus compromissos internacionais. A contradição entre o interesse interno e os compromissos externos do país emissor é o que conforma a essência do fenômeno (Kregel, 2009, p.3).

O que ficou conhecido com "paradoxo de Triffin" também pode ser enunciado de outra maneira: é impossível ter uma moeda como fonte global de liquidez e fixar seu valor em ouro, quando há uma economia global crescente, que requer expansão da liquidez internacional (Kregel, 2010, p.5). O sistema se desestabilizou não porque os países continuassem a manter sua paridade oficial diante do dólar, mas porque seus bancos centrais começaram a trocar suas reservas em dólar por ouro nos mercados privados, em benefício do marco alemão; isto é, a especular contra a moeda-referência.

As discussões acerca da criação dos Direitos Especiais de Saque derivaram, no raiar da década de 1960, do enfraquecimento inevitável do dólar e, portanto, da percepção de que Bretton Woods tinha os dias contados. Elas começaram em 1961, no âmbito das dez maiores economias avançadas. A força do dólar decorria de sua posição hegemônica como moeda mundial, mas seus crescentes déficits externos apontavam para maior instabilidade do sistema e para um momento em que a conversibilidade para o ouro seria posta em xeque. O dólar continuava soberano em sua dimensão de meio de pagamento internacional, mas era necessário desenvolver novo instrumento que funcionasse melhor em sua dimensão de moeda de reserva, isto é, que pudesse ser entesourada com menor risco de perda de valor.

Em 1963, o FMI formou um grupo de especialistas que, ao enfrentar a falta de liquidez para as economias avançadas, recomendou fazer um aumento nas suas quotas. Sua proposta era a de distribuir reservas para um pequeno número de países industrializados. À época, isso se chocou com a posição dos países em desenvolvimento. Em respeito ao acordado em Bretton Woods, muitos desses países mantiveram paridades fixas por longos períodos de tempo, procurando acomodar seus desequilíbrios com o uso de restrições a importações e controles de capital. Para eles, seus próprios desequilíbrios eram muito mais sérios que aqueles apresentados pelos países industrializados (Eichengreen, 1996, p.118). Como a reconstrução europeia já havia tornado sua indústria tecnologicamente mais moderna que a dos Estados Unidos, o argumento dos países mais pobres era válido.

Não houve acordo para o aumento de quotas, o que implicou a queda da relação fixa dólar-ouro nos mercados privados da Europa. Os bancos centrais europeus se sentiram incentivados a trocar seus dólares por ouro. A cética França do presidente Charles de Gaulle foi um caso paradigmático dessa tendência. A pressão sobre o dólar levou o Fed a permitir sua flutuação em transações privadas, ainda que a relação tenha se mantido inalterada em transações oficiais.

No final da década de 1960, após expressivas mudanças no cenário econômico internacional, associadas, dentre outros, à expansão das multinacionais e à criação do euromercado, já estava evidente a impossibilidade de manter a paridade do dólar com o ouro e, consequentemente, com as demais divisas internacionais. Por conta disso, num daqueles casos em que a consequência parece vir antes da causa, o FMI criou os DES, uma moeda escritural cujo valor derivava de uma cesta das principais moedas internacionais. Foi necessária, portanto, toda a década de 1960 para que os DES fossem criados em 1969. Eles surgiram para enfrentar a questão da desvalorização e volatilidade do dólar, ao tempo em que Bretton Woods começava a ruir. Seu escopo, porém, não era keynesiano, no sentido de que ele não visava alcançar o pleno-emprego, mas apenas prover liquidez e manter menos instável o valor das reservas internacionais. O objetivo de suas primeiras emissões, distribuídas entre os países-membros do FMI, era prevenir problemas de falta de liquidez derivados da política monetária dos Estados Unidos. Elas ocorreram entre 1970 e 1972, em montante equivalente a cerca de 10% das reservas globais, excluído o ouro-monetário (Ocampo, 2010, p.4).

Com isso, os DES anteciparam em alguns meses a inconversibilidade do dólar, que Richard Nixon determinou em 1971 e sua posterior flutuação, em 1973. Isso equivalia a desvalorizar a moeda referência e a abandonar o pilar da taxa administrada de câmbio definido em Bretton Woods. A conta de capital do balanço de pagamentos também foi flexibilizada em 1974, outra forma de dizer que o pilar dos controles de capitais foi abandonado e que os Estados Unidos liberalizaram seus fluxos financeiros.

Em suma, a passagem de um sistema de dólar-ouro para um sistema de dólar-flexível, em 1973, levou à adoção de taxas flutuantes de câmbio e a movimentos de capital livres e desregulamentados. No novo sistema de moeda fiduciária, os desequilíbrios passaram a se resolver por meio do impacto das taxas flutuantes de câmbio sobre o preço relativo dos bens. Com isso, o problema do ajustamento se agravou, porque os limites para os déficits de alguns países deixaram de ser dados pelos superávits de outros. Qualquer país passou a poder incidir em déficits crescentes, ao menos enquanto encontrasse investidores dispostos a financiá-los. A questão saiu da esfera pública para o âmbito dos banqueiros e investidores privados.

A partir de então, a sucessão de crises financeiras começou a mostrar a nova face do jogo, que não mais reflete um desequilíbrio na conta corrente dos países deficitários, mas em suas contas de capital. Tomem-se os casos das crises dos anos 1990 na Ásia e América Latina ou da zona do euro na atualidade. Tais assuntos deixaram de ser resolvidos exclusivamente pelo FMI com suas condicionalidades. Países em rápido crescimento, com déficits crescentes, tiveram de aumentar suas taxas de juros, ampliando o diferencial dos juros internos e externos. A arbitragem passou a se encarregar de gerar os fluxos de capital necessários ao equilíbrio das contas externas, embora à custa da deterioração do perfil de prazos desses recursos. Qualquer tentativa de o país apertar a política monetária tem, portanto, um papel inverso ao do passado: ao invés de promover um ajustamento recessivo, incentiva a postergação do ajustamento e propicia acumulação de reservas. Essas reservas, por sua vez, têm elevado custo de manutenção e sua tentativa de esterilização favorece a elevação dos juros, que é do interesse dos especuladores internacionais.

O FMI ainda tentou discutir os critérios de criação de reservas internacionais. Para tanto, constituiu nos anos 1970 um grupo (C-20) formado pelas suas vinte diretorias da época. Os debates no C-20 opuseram monetaristas, que defenderam que as emissões de DES fossem feitas apenas para assegurar equilíbrio monetário de longo prazo, e keynesianos, que pretendiam se engajar em políticas contracíclicas de curto prazo. Predominou a visão monetarista de corte friedmaniano, para quem a demanda de dinheiro é estável no tempo.

Os debates também confrontaram norte-americanos e europeus, quando estes estavam envolvidos em coordenar as taxas de câmbio dos países que viriam a constituir uma comunidade europeia, no que ficou conhecido como "serpente monetária", de forma que não se chegou a qualquer acordo de coordenação monetária. Além disso, antes mesmo da alocação de 1972, já não havia mais falta de liquidez internacional por causa dos crescentes déficits em conta corrente dos Estados Unidos (Williamson, 2009, p.2).

Ao invés de se tornar o principal ativo de reserva do sistema global, que era seu objetivo original, a proporção de DES nas reservas globais encolheu para uma fração mínima. Williamson (2009, p.2) cita que dos 9,5% que chegou a representar em 1972, os DES não iam além de 0,5% das reservas internacionais quando estourou a crise contemporânea. As alocações de 1997 e 2009 os trouxeram para 5% do total (Ocampo, 2010, p.4). Muito pouco, apenas o suficiente para servir como moeda escritural restrita aos financiamentos do FMI.

O enfraquecimento do dólar trouxe, porém, uma consequência importante para a questão da governança internacional. Em 1975, foi criado o G-6, constituído pelas maiores economias do mundo: Estados Unidos, Japão, Alemanha, França, Reino Unido e Itália. No ano seguinte, o Canadá se juntou ao grupo que passou a se denominar G-7. Em 1980, o PIB desses países respondia por 62% do produto mundial.

A criação da União Europeia

As décadas de 1950 e 1960 podem ser entendidas como uma era de ouro para a economia norte-americana, mas os anos 1970 escancararam a perda de sua competitividade industrial e agravaram as tendências de desvalorização do dólar. Numa época em que o petróleo quase nada valia, algo como US$ 3 (barril), a perda do valor em ouro da moeda de referência representou um choque adicional para os países produtores. Unidos em torno da Organização dos Países Exportadores de Petróleo (Opep), eles conseguiram triplicar os preços em 1973 e, depois, triplicá-los de novo em 1979. Nada buscaram, com isso, além de manter estável o preço em ouro da energia de origem fóssil. O aumento da inflação está na origem desses choques e do consequente "choque dos juros" deflagrado em outubro de 1979. Este, por sua vez, percorreu dois caminhos: de um lado, provocou a crise da dívida dos países em desenvolvimento, particularmente na América Latina; de outro, afetou fortemente a própria dinâmica das dívidas norte-americana e europeia.

Somente duas opções começaram a se desenhar para a inevitabilidade da flutuação do dólar. Alguns países pequenos radicalizaram suas políticas cambiais atrelando suas moedas ao dólar, nos conhecidos *Currency Boards*. Tais foram os casos de Hong Kong, Bermuda, Ilhas Cayman. Bem mais à frente, Argentina, Estônia e Equador. A Europa, por seu turno, optou por caminhar no sentido da união monetária.

A discussão acerca do que viria a ser conhecido como a "Serpente monetária europeia" começou bem antes e consumiu toda a década de 1960. Como os países europeus eram mais abertos que os Estados Unidos ao comércio, particularmente dentro de seu próprio continente, suas sensibilidades com relação a flutuações cambiais eram maiores. Sua crença política repousava na necessidade de aproximar França e Alemanha, tradicionais inimigos, e na esperança econômica de ampliar o comércio intrabloco com base em taxas de câmbio estáveis entre seus membros.

Em 1969, a Comunidade Econômica Europeia, temerosa dos rumos do dólar, encomendou um estudo que apontasse os passos para que uma união monetária pudesse ser alcançada até

1980. O Relatório Werner fez recomendações que se mostram bastante atuais neste momento de crise na zona do euro. Ele propôs a criação de uma autoridade central para harmonizar as políticas econômicas nacionais, concentrar as funções fiscais no nível da comunidade e acelerar a integração econômica. O relatório, porém, não recomendou a criação de uma moeda única nem de um banco central europeu, mas uma coordenação entre bancos centrais nacionais. Os problemas que a Serpente enfrentaria derivaram da falta de instituições de apoio a suas operações. Um ponto é notável, porém: para proteger as moedas fracas dos países-membros da comunidade, foi estabelecido o Fundo de Cooperação Monetária Europeia, que estabeleceu créditos de curto e curtíssimo prazo em moldes parecidos com os do FMI (Eichengreen, 1996, p.153-155). Na prática, porém, a longa sucessão de entradas e saídas na Serpente, na década de 1970, mostra o grau de irrealismo dos mecanismos de centralização e federalismo fiscal pensados no Relatório Werner. A época em que a comunidade foi criada coincidiu com o período de inflação e de desequilíbrios externos causados pelos choques do petróleo. Curiosamente, no entanto, foi possível criar um Sistema Monetário Europeu. Uma fuga para frente, porque se não era possível estabilizar as moedas intrabloco o caminho foi adotar uma única moeda flutuante.

 Críticos entendiam que o sistema de Bretton Woods já estava superado. Era muito difícil operar um sistema de taxas administradas de câmbio com crescente mobilidade de capitais, o que obrigava ao aprofundamento de complexa cooperação internacional. Apesar disso, restrições políticas nos Estados Unidos e Inglaterra postergaram a inevitável desvalorização de suas moedas. Outro agravante foi a Guerra do Vietnã e o consequente desequilíbrio fiscal norte-americano. Enquanto isso, Japão e Alemanha voltaram a ocupar posição estratégica na ordem econômica internacional.

Em 1971, houve uma fuga maciça do dólar para o marco alemão, o que apressou a decisão inglesa e francesa de converter dólares em ouro. Em agosto, Nixon fechou a janela do ouro, suspendendo o compromisso de vendê-lo a qualquer governo e a qualquer preço. Ainda de acordo com as regras de Bretton Woods, foi definida pelos países industrializados a desvalorização do dólar e a valorização do iene, do marco e de algumas outras moedas. A Conferência Smithsoniana aprovou que as bandas de flutuação das moedas fossem aumentadas de 1% para 2,25% e para 9% no comércio intrarregional. Isso era inaceitável para a Europa, que limitou tais flutuações a 4,5%. Esse resultado foi pífio, uma vez que, tendo sido rompido um dos pilares de Bretton Woods com a desvalorização do dólar, nada mais impediria novas desvalorizações. Em 1972, a libra passou a flutuar fora das bandas determinadas na Conferência, assim como o dólar em 1973 nos mercados.

Para entender a criação do Sistema Monetário Europeu é interessante fazer alguns paralelos com Bretton Woods. Esse acordo foi capitaneado pelos Estados Unidos e pela Inglaterra, ainda que suas forças políticas e econômicas não se equivalessem. Na Europa, o mesmo ocorreu, com o comando do processo de unificação monetária tendo sido dividido, também assimetricamente, pela Alemanha e pela França.

A França parece ter tentado encampar o espírito do Currency Board de Keynes, ao advogar créditos ilimitados do Fundo de Cooperação Monetária Europeia. Para que isso fosse possível, teria de haver um acordo de envolvimento automático dos países de moeda forte para cobrir todas as necessidades dos países de moeda fraca. Ela queria, portanto, substituir o Fundo de Cooperação Monetária por um Fundo Monetário Europeu, que administrasse as reservas dos países-membros, que pudesse interferir nos mercados monetários e que criasse a Unidade Monetária Europeia (European Currency Unit – ECU), para funcionar como um DES europeu (Eichengreen, 1996, p.160-162).

Não é difícil imaginar que isso foi visto como uma proposição tão irrealista quanto a do Currency Board. A Alemanha opôs a "insistência na disciplina" ao "desejo de simetria" dos franceses. O Banco Central Alemão repudiou qualquer esquema automático de salvamento das economias em crise sob o argumento de que isso equivalia a abrir mão da disciplina monetária. Embora os atos de fundação do Sistema Monetário Europeu falem de "apoio financeiro ilimitado", o Banco Central Alemão assinou uma carta com seu próprio governo, que lhe dava o poder de interromper qualquer intervenção que julgasse indevida.

O Relatório Delors, de 1989, que reuniu os presidentes dos bancos centrais europeus, sucedeu o Relatório Werner. Ele não propôs que as funções fiscais fossem transferidas a um órgão centralizado, mas recomendou a imposição de tetos para os déficits públicos e a proibição de os governos terem acesso a créditos diretos de seus bancos centrais. Além disso, ao contrário do relatório anterior, ele optou pela criação de um Banco Central Europeu, que emitisse uma moeda única. Essa proposta surgiu da grande preocupação dos Estados nacionais europeus com a competitividade de suas empresas, particularmente perante as dos Estados Unidos e Japão. Para eliminar custos de conversão de suas moedas nacionais e para abolir a possibilidade de eles desvalorizarem suas taxas de câmbio, o caminho passava necessariamente pela adoção da moeda única.

Na sequência, veio a transição para o Tratado de Maastricht, que seguiu alguns passos. Foram removidos os controles de capital e acelerou-se a convergência de políticas nacionais, particularmente quanto a flutuações cambiais, inflação, déficit, dívida pública e taxa de juros. Finalmente, chegou-se à União Econômica e Monetária, em dezembro de 1991, e à introdução do euro, em janeiro de 2002. Dando um grande salto avante e abstraindo, consequentemente, o que ocorreu no entremeio, em 2013, a Croácia entrou para a União Europeia elevando o número de membros para 28 e, em 1º de janeiro de 2014, a Letônia se tornou membro da zona do euro, de modo que dezoito países estão na zona do euro e dez não aderiram a ela. À luz das forças em disputa, deve-se acreditar que isso foi o melhor que se pode alcançar. Os principais entraves à estabilidade de longo prazo, porém, não foram superados: a consolidação fiscal não foi atingida e nenhuma instituição financeira se desenvolveu para dar suporte aos países mais frágeis da região. A atual crise europeia revelou, em toda a sua extensão, essas ambiguidades e contradições originais.

O deslocamento industrial no mundo

O fim da taxa fixa de US$ 35 por onça de ouro (31 gramas), nos primeiros anos da década de 1970, deu início a um período de desvalorização da moeda norte-americana. Morris (2009, p.57) resume: em 1971, a cotação chegou a US$ 44/onça; em 1973, quando a Opep triplicou o preço do petróleo, US$ 100/onça; em 1979, na segunda crise, nova triplicação do preço de petróleo, a cotação variou entre US$ 233/onça e US$ 578/onça; em 1980, quando o dólar desabou, US$ 850/onça. Em suma, na cotação fixada em Bretton Woods, era necessário um pouco mais de US$ 1/grama de ouro; em 1980, mais de US$ 27/grama.

Um marco para as transformações que estavam a caminho foi o início da presidência de Ronald Reagan (1981-1989). Antecedido em dois anos por Margaret Thatcher (1979-1990), em quem encontrou inspiração, Reagan embaralhou todas as cartas do jogo ao afirmar em seu discurso de posse que "na crise atual, o governo não é a solução para o nosso problema; o governo é o problema". Por crise, ele se reportava à inflação, ao desemprego, ao sistema tributário que penalizava as iniciativas privadas e que, mesmo substancial, não cobria o gasto público.

Sua gestão foi marcada por uma política econômica de déficits fiscais elevados, associados à "guerra nas estrelas", que teve como contrapartida uma política monetária de juros muito altos, numa mistura que ficou conhecida como "keynesianismo bastardo". Por caminhos insuspeitados à época, a política econômica do período Reagan foi funcional aos interesses estratégicos dos Estados Unidos, porque acelerou o fim da URSS, do qual fez parte a queda do Muro de Berlim, em 1989, e porque controlou os países industrializados, inclusive os rebeldes Japão e Alemanha, que acabaram por também liberalizar seus fluxos financeiros. Essa política orientou o movimento do crédito interbancário para os Estados Unidos, permitindo que o sistema bancário internacionalizado ficasse sob "controle" do Fed e propiciasse financiamento crescente do déficit fiscal norte--americano, que ficou agravado pelo processo de relocalização industrial para a Ásia. Os Estados Unidos reconquistaram a hegemonia econômica e puderam apregoar vitória de seus sistemas político e econômico sobre quaisquer outros.

Vem dessa época a introdução de uma macroeconomia da globalização, na qual Bretton Woods foi substituída por uma espécie de síntese macroeconômica mais conhecida por Consenso de Washington. Em lugar do fortalecimento dos Estados nacionais, caberia a estes quase que tão somente emitir sinais que permitissem a conquista da confiança dos investidores no mercado, abdicando substancialmente dos mecanismos de intervenção e regulação do processo econômico. Os principais instrumentos para tanto seriam a assunção de taxas flexíveis de câmbio, a liberdade para os fluxos financeiros internacionais, a introdução de metas inflacionárias nas políticas monetárias e a definição de políticas fiscais que assegurassem redução da relação percentual Dívida Líquida do Setor Público/PIB, vista como um indicador-síntese da sustentabilidade fiscal dos governos. Na União Europeia, o Tratado de Maastricht impôs um limite de 60% para a dívida bruta e de 3% para o déficit orçamentário, por exemplo.

A consequência mais importante desses movimentos foi, certamente, o processo de transnacionalização industrial posto em prática. Assim como grandes transformações conformaram uma primeira globalização no século XV, que implicou mudança do eixo econômico do Mar Mediterrâneo para o Oceano Atlântico, a nova globalização impôs mudança no eixo de expansão capitalista para a Ásia dos anos 1980, com aumento da importância do Oceano Pacífico relativamente ao Atlântico.

Quando Paul Volcker promoveu aumento expressivo nas taxas de juros norte-americanas em outubro de 1979 e continuou a fazê-lo em oposição à política fiscal expansionista de Reagan, o dólar se valorizou, o que foi extremamente benéfico às exportações japonesas e europeias.

O impacto da política monetária sobre as contas externas norte-americanas foi forte: seu déficit em bens e serviços, que era de US$ 1,4 bilhão na média dos anos 1970 a 1974, subiu para US$ 15 bilhões na média de 1975 a 1979 e triplicou para US$ 45 bilhões na média de 1980 a 1984. Nos mesmos períodos, a conta-corrente saiu de um superávit de US$ 840 milhões, para um déficit de US$ 1,5 bilhão e, depois, para um déficit substantivo de US$ 26 bilhões.

Considerando esses números, os Estados Unidos pressionaram fortemente seus rivais no G-5 – Japão, Alemanha Ocidental, França e Reino Unido – a valorizarem suas moedas. Uma cooperação coordenada foi alcançada numa reunião do Hotel Plaza de Nova York, em setembro de 1985, que reuniu os ministros de Finanças do G-5 e cedeu às demandas norte-americanas. Além disso, os ministros estavam de acordo com a necessidade de diminuir as tendências protecionistas do Congresso dos Estados Unidos. "Para a administração Reagan, o protecionismo do Congresso ameaçava sua agenda de desregulamentação e liberalização econômica; para os japoneses e europeus, ela punha em risco seus acessos ao mercado norte-americano" (Eichengreen, 2009, p.149).

O problema real era mais complexo que o decidido no acordo do Plaza, porque menos de dois anos depois, a desvalorização do dólar acabou por ser vista como excessiva, pondo em risco a capacidade exportadora das empresas japonesas. Nesse período, o governo do Japão começou a fazer fortes intervenções no câmbio para estabilizar o dólar. Dessa vez, foi o G-7 que se reuniu em Paris no Acordo do Louvre, em fevereiro de 1987, para conter os excessos das posições de venda do dólar. As mudanças de sinal foram violentas: entre o Plaza e o Louvre, a taxa de câmbio do dólar caiu 35% em relação ao iene japonês. Ao longo do resto do ano o dólar ainda se desvalorizou mais 6% na média e outros 11% em 1988 perante o iene.

Há aqui dois movimentos que se sobrepõem. O primeiro do Japão, que, sem poder contar com a política cambial, procurou aumentar sua competitividade por meio de um processo de transferência de suas empresas para os países de sua vizinhança. O segundo dos Estados Unidos, que também promoveu a transnacionalização do espaço asiático, especialmente da China, o que representou "uma mudança na escala do processo de deslocamento da estrutura manufatureira norte-americana para o resto do mundo" (Belluzzo, 2005, p.225).

Foi como consequência da grande volatilidade do dólar, portanto, que houve forte crescimento da economia norte-americana escorada em gigantescos e crescentes déficits em conta corrente, graças à expansão das importações de bens finais de consumo e de capital da Ásia e da Europa. Ou seja, apesar da maior competitividade do dólar, seus déficits em bens e serviços aumentaram de US$ 45 bilhões, na média dos anos 1980 a 1984, para US$ 124 bilhões, na média dos anos 1985 a 1989, e o déficit em conta corrente passou de US$ 29 bilhões para US$ 129 bilhões, nos mesmos períodos. E isso se deu basicamente por conta de sua nova relação com a China.

A mera comparação do somatório dos superávits em conta corrente de China, Alemanha e Japão com o déficit dos Estados Unidos dá a dimensão desse desequilíbrio: a soma dos superávits dos três países equivalia a 23% dos déficits norte-americano e inglês em 2000. Essa participação relativa subiu durante a década, chegando a ultrapassar 100% entre 2007 e 2010, caindo para 92% em 2012. A China sozinha passou de um superávit equivalente a 5% do déficit norte-americano em 2000, para 64% em 2009 e recuou para 50% em 2012, de acordo com o *World Economic Outlook Database* (FMI, out. 2013). Houve uma reversão desse quadro a partir de 2010. Apesar de as várias rodadas de relaxamento quantitativo da política monetária norte-americana terem permitido uma desvalorização mais forte do dólar, os números para 2013 continuavam a apontar para superávits somados de China, Alemanha e Japão da ordem de 96% do déficit norte-americano e inglês. Ou seja, a redução nos desequilíbrios externos entre as maiores economias do mundo, que caiu entre 2008 e 2012, voltou a subir em 2013 por conta da valorização do dólar.

Enfim, as relações de dependência entre as economias asiáticas e delas para com os Estados Unidos explicitaram o "equilíbrio instável" entre o novo polo industrial do mundo, em grande medida sustentado na relocalização das empresas norte-americanas, e as demandas insaciáveis de sua sociedade, a partir dos anos 1980. Esse desequilíbrio continua na atualidade. Até antes da crise financeira global que eclodiu em 2007, estava polarizada a discussão acerca da sustentabilidade da nova forma de relacionamento macroeconômico, também referida como Bretton Woods II, que implicava manter abertos os mercados norte-americanos, em troca do financiamento de sua dívida. Por falta de alternativas, os países da Ásia e a Alemanha tiveram de se submeter à "armadilha do dólar", ao passo que os Estados Unidos aceitavam deixar de ser a "fábrica do mundo" em troca do aprofundamento de sua hegemonia tecnológica e financeira.

A esse respeito, Tavares e Fiori (2000, p.212-213) sustentam a tese de que a retomada da hegemonia norte-americana e a financeirização capitalista são duas faces de um mesmo processo:

A partir dos anos 1980, o dólar deixa de ser um padrão de valor no sentido tradicional dos regimes monetários internacionais anteriores (padrão ouro-libra e padrão ouro-dólar), mas cumpre, sobretudo, o papel mais importante de moeda financeira em um sistema desregulado onde não existem paridades cambiais fixas e onde o valor do dólar é fixado pela taxa de juros norte-americana, que funciona como referência básica do sistema financeiro internacional em função da capacidade dos Estados Unidos de manterem sua dívida pública como o título de segurança máxima do sistema.

A crise dos países em desenvolvimento

Uma última consequência da instabilidade do dólar decorreu do "choque dos juros", imposto ao mundo no raiar da década de 1980, que levou à crise da dívida dos países em desenvolvimento, na década de 1990. Com a moratória mexicana de 1982 se abriu um período especialmente duro para os países em desenvolvimento. Seus graves desequilíbrios externos implicaram condicionalidades pesadas nos empréstimos feitos por instituições públicas – FMI, Banco Mundial, Tesouro norte-americano e BIS – e pela banca privada, sob a coordenação do FMI. Nesse novo quadro, "a importância do FMI diminui como instituição reguladora das relações econômico-financeiras entre os países desenvolvidos e seu foco de atuação concentra-se nos países em desenvolvimento". A situação da periferia, expulsa dos mercados privados, só começou a melhorar no final da década de 1980. O Plano Brady, de 1989, aliviou as condições de pagamentos de suas dívidas com o setor privado e permitiu a reabertura dos mercados privados de crédito, "agora sob a forma predominante de títulos emitidos nos mercados de capitais internacionais" (Kugelmas, 2005, p.25-26).

Bergsten (1995, p.44), um ex-diretor do Instituto Financeiro Internacional, em discurso pelos cinquenta anos das instituições de Bretton Woods, se manifestou na mesma linha:

> Contrariamente à visão convencional, pode-se argumentar que o fundo alcançou o pico de sua influência institucional nos últimos doze anos [isto é, desde 1983] – muito tempo após o colapso do sistema de taxas de câmbio de Bretton Woods e muito tempo após ter conduzido seu último programa em um grande país industrial. O FMI, sem dúvida, cumpriu um papel mais central na administração da crise da dívida do Terceiro Mundo do que na administração do sistema monetário global dos anos 1960.

Os mercados privados se reabriram para os países em desenvolvimento na virada dos anos 1990, quando a maioria deles já havia liberalizado o acesso aos fluxos financeiros privados internacionais e renegociado suas dívidas externas. Dois ciclos de médio prazo marcaram a trajetória desses fluxos desde então: o primeiro no período 1990 a 2002; o segundo entre 2003 e 2012, segundo o *World Economic Outlook Database* (FMI, abr. 2013).

O primeiro ciclo pode ser dividido em dois subperíodos: alta entre 1990 e 1997 com relação a 1980-1989, quando os fluxos financeiros privados líquidos para os países em desenvolvimento se expandiram numa média anual de US$ 100 bilhões e baixa entre 1998 e 2002, quando eles se contraíram numa média anual de US$ 52 bilhões com relação ao período anterior, por conta da crise asiática (Tailândia, Indonésia, Malásia, Filipinas e Coreia do Sul), em 1997-1998. A fuga de capitais foi da ordem de US$ 608 bilhões correntes ou 65%. As quebras, em verdade, começaram antes, México (1995) e Rússia (1996) e se estenderam para o Brasil (1998) e a Turquia (1999). O ciclo de crises arrefeceu entre 2000 e 2003, mas ainda atingiu Argentina (2000 e 2003), Brasil (2001 e 2002), Turquia (2002) e Uruguai (2002).

A natureza procíclica dos fluxos fica clara nos dados do FMI, que mostram que, na média do período 1980 a 1989, os fluxos financeiros oficiais para os países em desenvolvimento representaram 52% do total do financiamento externo, uma evidência da importância dos organismos financeiros internacionais e da menor participação desses países nos mercados financeiros internacionais. A partir de então, o financiamento privado subiu rapidamente, com relação aos recursos de organismos financeiros internacionais e de governos. Nos ciclos em análise, os recursos oficiais jogaram no contrafluxo dos recursos privados, sendo mais expressivos nos momentos de retração, que corresponderam a épocas de crise, chegando a se tornarem negativos em momentos de expansão, por conta dos pagamentos de dívidas anteriores.

Na comparação do ciclo dos anos 1980 com os anos de expansão 1990 a 1997, os fluxos oficiais caíram uma média de US$ 3 bilhões (10%) ao ano, enquanto os fluxos financeiros privados se multiplicaram por sete, de US$ 16 bilhões para US$ 116 bilhões. A predominância foi dos investimentos diretos (60% do total) sobre os fluxos bancários e as operações com títulos de dívida (22%) e sobre os investimentos de portfólio (18%). Ao longo de toda a década de 1980 e dos primeiros sete anos da década de 1990, os países em desenvolvimento apresentaram déficit agregado na conta corrente. Nestes últimos anos, porém, o acesso aos fluxos de capitais foi expressivo (média de US$ 137 bilhões/ano), tornando possível o financiamento do déficit em conta corrente e o aumento de US$ 53 bilhões correntes em reservas internacionais.

No período de retração 1998-2002, os fluxos oficiais continuaram caindo, assim como os fluxos privados, cuja média anual caiu 44%. O impacto nas finanças desses países se refletiu mais intensamente nos investimentos de portfólio e nas operações de empréstimos, que nos investimentos diretos estrangeiros. A manutenção de altos níveis de investimento direto, que mais que dobraram para US$ 158 bilhões/ano, se explicou pelos processos de privatização de empresas públicas, então em curso.

Em resumo, a crise dos países em desenvolvimento da Ásia e da América Latina mostrou um rosto diferente daquele das crises do passado. Já não se tratava necessariamente de problemas de desequilíbrios na conta corrente, particularmente em razão de déficits comerciais. Os problemas se apresentaram sob a forma de crises na conta de capital. O ocorrido com a Coreia do Sul é paradigmático, porque o país era reconhecido como um caso exemplar de equilíbrio fiscal e externo. Suas políticas estavam absolutamente de acordo com o receituário da nova ortodoxia defendida pelo Consenso de Washington. O problema foi ter tomado recursos vultosos e baratos no período de bonança, muitos deles de prazos curtos (investimentos de portfólio), e aplicá-los em investimentos de longa maturação. Na retração, eles saíram rapidamente do país. Quando do pedido de empréstimo ao FMI para reequilibrar suas contas, a Coreia do Sul e todos os demais tiveram de enfrentar condições mais duras: as taxas de juros do organismo se tornaram mais altas e os prazos dos empréstimos mais curtos.

Quando se fala na natureza procíclica dos fluxos de capital, o que se pretende dizer é que capitais voláteis talvez não possam ser condenados por terem sido os causadores diretos da sucessão de crises, mas sim de as terem potencializado. Uma evidência disso está na constatação de que os países em desenvolvimento foram induzidos a se endividar, em face da pletora de capitais que superava em muito as suas necessidades de recursos. É daí, inclusive, que começa o processo de acumulação de reservas internacionais. A quebra dos países emergentes foi uma experiência amarga. Os ressentimentos foram graves a ponto de os países asiáticos terem considerado sair do FMI e criar um Fundo Monetário Asiático. Essa ideia, aliás, voltou à tona depois da crise de 2007 e começou a ser posta em prática com a criação de um fundo de US$ 120 bilhões pelos países da Associação das Nações do Sudeste Asiático (Association of Southeast Asian Nations, Asean), nos marcos da Iniciativa Chiang-Mai. Para o FMI, a coordenação dos programas de ajuste pode ter parecido um momento de glória, mas o futuro se encarregou de marcá-la como o início de sua perda de importância. Nos anos seguintes, o organismo que melhor representou os interesses das economias avançadas não fez senão definhar, chegando próximo do anacronismo. Salvou-o a crise global, quando o G-7 propôs a ampliação do foro de discussões da governança global para o G-20, destinando a ele o papel de seu braço operacional.

4
Concentração da renda e da riqueza

O terceiro e último fator desestruturador da não ordem econômica pós-Bretton Woods está nos impactos que as crises provocaram nas camadas menos protegidas da população. Já foi mencionado que, em 1929, a produção industrial caiu entre 20% e 30% nos Estados Unidos, Alemanha e Grã-Bretanha. O desemprego afetava milhões de pessoas naqueles países. Em 1933, um quarto da força de trabalho dos Estados Unidos estava desempregada e 28% dos 120 milhões de habitantes não tinham fonte visível de renda. Relatório de 2009 da Organização das Nações Unidas (ONU) está dentre os primeiros trabalhos a apontar a mesma situação depois da crise de 2007. Suas estimativas mencionam um acréscimo de 50 milhões de pessoas desempregadas no mundo em 2009, com relação a 2007, e que cerca de 200 milhões de pessoas poderiam ser empurradas para a pobreza.

Para os propósitos deste estudo, talvez seja mais importante lembrar os impactos na concentração de renda e da riqueza resultantes das políticas liberais de enxugamento das máquinas estatais e de crescimento da importância relativa dos sistemas financeiros, agora internacionalizados. Após 1980, a remuneração dos trabalhadores norte-americanos sofreu deterioração relativamente aos lucros empresariais, que inverteu a tendência virtuosa dos 25 anos iniciados com o fim da guerra. Os lucros empresariais, por sua vez, mostraram uma parcela crescente de apropriações por parte de empresas financeiras, com relação a não financeiras. O estoque de riqueza financeira da sociedade norte-americana também aumentou relativamente mais do que a renda disponível, líquida de impostos. No plano mundial, os dados permitem explicitar o processo de "financeirização" da riqueza, ao mostrar uma ampla difusão da preferência por liquidez nas formas de acumulação de ativos. Isso é sintetizado no conceito de profundidade financeira, que é calculado pela razão percentual ativos financeiros globais/PIB.

A "financeirização" da riqueza

A globalização financeira promoveu algumas mudanças estruturais com consequências danosas. A internacionalização e desregulamentação dos sistemas financeiros e dos mercados de capitais favoreceu uma tendência de concentração de renda, aqui analisada com dados dos Estados Unidos, e de "financeirização" da riqueza, cujos dados mais abrangentes envolvem praticamente a totalidade dos países do mundo.

O neologismo "financeirização" deve ser entendido não apenas como o crescimento da importância dos sistemas financeiros na geração de lucros, muito além da esfera do crédito, mas a difusão de uma ótica especulativa por todo o aparato produtivo da economia monetária contemporânea. Ele exprime uma mudança nas formas de apropriação da riqueza. Na época do capitalismo industrial norte-americano, grosso modo o período que se estende até 1970 e 1980, o conceito de riqueza estava muito associado à posse de bens físicos produzidos por empresas não financeiras, com retornos de longo prazo. A partir de 1980, a preferência por parte dos investidores cresceu exponencialmente no rumo da posse de riqueza financeira, isto é, de ações e papéis de dívida pública e privada, com horizontes de ganhos de curto prazo. Um claro sinal de que o aumento geral da incerteza induziu os agentes econômicos a se manterem o mais próximo possível da liquidez.

O presidente de um potentado econômico, cínico, mas realista, dizia ser preciso dançar em todos os bailes, mas que seria sempre bom fazê-lo perto da porta de saída. A observação procede porque, provavelmente sem o saber, ela reflete uma análise de corte marxista. Para Belluzzo (2012, p.88), o capital a juros é a forma mais acabada de existência do capital, porque é a mais livre e líquida, ao mesmo tempo em que crescentemente centralizada. "Apenas dessa maneira [o capital] pode fluir sem obstáculos, para colher novas oportunidades de lucro e, concomitantemente, reforçar o poder do capital industrial e mercantil imobilizado nos circuitos prévios de acumulação." A riqueza líquida não é uma deformação da acumulação de capital físico, mas uma "evolução" para uma forma superior de exploração capitalista.

Uma série histórica das contas nacionais dos Estados Unidos, coletada pelo Federal Reserve (2013), mostra a tendência de concentração da renda e da riqueza no país (gráficos 3 a 5). A partir de 1950, a remuneração do trabalho, que inclui salários e contribuições patronais e dos empregados para a seguridade social, era da ordem de 59% do total da renda nacional. O período de crescimento econômico pós-guerra melhorou a situação dos trabalhadores, que, em 1980, se apropriavam de 68% da renda nacional. A partir de então, a tendência da remuneração dos trabalhadores tem sido de queda: 63% em 2000 ou menos cinco pontos percentuais desde o pico naquele ano. Em 2012, 62% ou menos um ponto percentual adicional.

O comportamento dos lucros empresariais e dos ganhos rentistas explica essa tendência, porque a parcela da renda apropriada pelos diversos níveis de governo foi bastante estável no tempo: cerca de 9%. Os lucros das empresas caíram de 1950 (13%) a 1980 (8%) e subiram para 9% da renda nacional até 2000. A partir de então, atingiram o pico de 14% da renda nacional em 2012.

Gráfico 3 – Distribuição da renda nacional dos Estados Unidos – % do total

Fonte: FED Flow of Funds Accounts of the United States, 7 mar. 2013.

Gráfico 4 – Lucros domésticos após impostos nos Estados Unidos – % do total

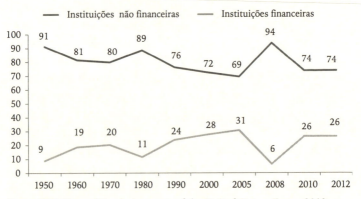

Fonte: FED Flow of Funds Accounts of the United States, 7 mar. 2013.

Gráfico 5 – Evolução nominal da renda e da riqueza nos EUA (1950-2012) – US$ bilhões

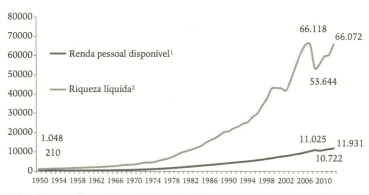

1 Renda pessoal menos impostos.
2 Ativos financeiros mais ativos não financeiros menos passivos.
Fonte: FED Flow of Funds Accounts of the United States, 7 mar. 2013.

Uma observação, porém: entre 1950 e 1980, com o sistema financeiro norte-americano regulado pela Lei Glass-Steagall, a tendência foi a de dominância da participação dos lucros de empresas não financeiras. Em 1980, 89% do lucro era desse tipo de empresa, contra apenas 11% das instituições financeiras. Não por acaso 1980 se tornou um marco, o fim de uma era, com a posse do presidente Ronald Reagan em 1981. A partir daí, os lucros financeiros cresceram rapidamente, atingindo 31% do total em 2005, contra 69% dos lucros não financeiros. O ajuste na crise de 2008 levou a que os lucros financeiros desabassem para 6%, mas, daí para a frente se recuperaram para a casa dos 26% do total em 2010 a 2012.

Uma comparação entre fluxos de renda e estoque de riqueza (Gráfico 5) mostra que o crescimento da riqueza tem sido maior que o da renda ao longo do século XX e, mais particularmente, a partir dos anos 1980. A riqueza líquida das famílias norte-americanas cresceu dezenove vezes, entre 1970 e 2012, ao passo que a renda pessoal disponível (renda pessoal menos impostos correntes) aumentou dezesseis vezes. Um registro relevante aponta para o ano de 2009, quando a renda pessoal disponível norte-americana caiu US$ 300 bilhões em relação ao ano anterior. Foi a primeira queda desde o final da Segunda Guerra Mundial. Os impactos da crise foram mais sérios no estoque de ativos financeiros e não financeiros dessas famílias: em 2008, a queima de riqueza líquida dos norte-americanos foi da ordem de US$ 13 trilhões. A recuperação no valor desses ativos tem sido rápida, porém: em 2012, seu valor quase se igualou àquele de 2007, o mais alto da série histórica até então.

Numa época de fortes tendências recessivas, o aumento das desigualdades de renda e riqueza prejudicam os esforços de recuperação. Joseph Stiglitz escreveu, recentemente, o livro *The Price of Inequality* (2012a). Ele argumenta que houve piora na distribuição da renda norte-americana durante a última década: 90% do aumento dessa renda teriam sido apropriados pelo 1% mais rico da população (Stiglitz, 2012b). Como a propensão a gastar dos mais ricos é menor que a dos mais pobres, o consumo não aumenta e dificulta a retomada da economia.

Partindo da mesma linha de raciocínio, ele defende a ideia de que a apropriação da renda majoritariamente pelas camadas mais ricas da população implicou maior acumulação de riqueza, preferencialmente de caráter financeiro, pelo menos desde as duas ou três últimas décadas. Durante a crise, houve uma forte perda nessa riqueza, especialmente concentrada nas aplicações em bolsas de valores. Ora, argumenta o autor, os indivíduos que ocupam o topo da pirâmide social tiveram mais de vinte anos de prosperidade antes de ter de devolver, durante a crise de 2008, parte de seus ganhos em mercado. O Gráfico 5 mostra que a queima de riqueza líquida dos norte-americanos foi da ordem de US$ 12 trilhões naquele ano, para uma perda global de US$ 28 trilhões (Gráfico 2), mas que a recuperação no valor desses ativos tem sido rápida. Em 2012, esse valor já voltou praticamente aos níveis alcançados no pico de 2007. Além disso, aquela parcela de altos executivos que foi despedida na crise ainda embolsou vários milhões de dólares a título de compensações. O trabalhador, ao contrário, não usufruiu dos benefícios da época de prosperidade, mas está pagando o preço da recessão por meio da elevação da taxa de desemprego da economia.

No geral, a linha de argumentação de Stiglitz questiona não exatamente a desigualdade na distribuição da renda, mas o seu aumento nos anos recentes. Isso também foi apontado na análise feita das contas nacionais dos Estados Unidos. Basicamente, foi aqui destacado que, em 1980, a parcela da renda apropriada pelas remunerações aos trabalhadores atingiu 68% (mais de dois terços) da renda nacional. Para uma renda nacional de US$ 2,4 trilhões correntes à época, a parcela dos trabalhadores atingiu US$ 1,7 trilhão, basicamente voltado a bens de consumo de massa. Daí dizer-se que a América é o "estômago do mundo".

Em 2012, no entanto, a parte que remunera o trabalho reduziu-se a 62% da renda nacional, que foi de US$ 13,8 trilhões correntes. Essa percentagem equivale a US$ 8,6 trilhões. Tivesse prevalecido a participação de 68% de 1980, o trabalhador teria se apropriado de US$ 9,4 trilhões ou um montante US$ 830 bilhões superior ao que ocorreu efetivamente. Trata-se, consequentemente, de uma sociedade mais dividida, que empobreceu relativamente. O aumento na desigualdade de oportunidades daí resultante tornou essa sociedade menos produtiva. Maior o preço a pagar para superar o estrago trazido pela crise econômica global.

Assistência financeira aos países de menor desenvolvimento relativo

Discussões que tratem de tendências na concentração de renda e de riqueza implicam questionar o volume de recursos que os países industrializados e alguns grandes emergentes destinam aos países mais pobres. Em que pese o volume relativamente baixo de Assistência Oficial ao Desenvolvimento para os países mais necessitados, ela ainda é vista como uma atividade importante para o desenvolvimento de longo prazo e o alívio da pobreza. No geral, esses desembolsos são feitos prioritariamente pelos 23 países-membros do Comitê de Assistência ao Desenvolvimento da Organização para Cooperação e Desenvolvimento Econômico (DAC-OCDE), cujas contribuições giraram em torno de 85% a 90% nos anos 2000.

Os números coletados em trabalho do autor (Silva, 2013c, p.81-94) apontam para algumas tendências. Em primeiro lugar, seguindo o mesmo caminho da abertura dos mercados privados de crédito para os países em desenvolvimento no início da década de 1990, também a assistência ao desenvolvimento se tornou crescentemente privada. Enquanto lá 87% dos recursos eram oficiais e 13% privados, o período que vai até 2010 presenciou uma inversão: 73% privados e 27% oficiais. A relevância disso é que 67% do total de Assistência Oficial ao Desenvolvimento em 2010 refere-se a fluxos privados de longo prazo em condições de mercado, o que só numa definição muito flexível pode ser classificado como ajuda ao desenvolvimento dos países mais pobres.

Em segundo lugar, uma série de cinquenta anos da razão percentual Assistência Oficial ao Desenvolvimento/Renda Nacional Bruta mostra que o máximo atingido (0,5%) ocorreu no longínquo ano de 1961, bem abaixo dos 0,7% então comprometidos na ONU, mas compatíveis com os repactuados 0,5% definidos em 2005. O pior desempenho ocorreu nos anos 1990, em torno de 0,2%, em que dominou uma ideologia privatista nas instituições internacionais. Os números preliminares para 2000 indicam recuperação desses recursos (0,3%) em 2011, apesar de ou por causa do advento da crise econômica global. Os maiores doadores relativos têm sido historicamente os países nórdicos (Noruega, Suécia e Dinamarca), além de Luxemburgo e Holanda. Apesar de estarem entre os maiores doadores absolutos, Estados Unidos, Japão e Itália, do G-7, se encontram nas últimas posições relativas.

Como esperado, a eclosão da crise europeia implicou uma diminuição de US$ 4 bilhões nas contribuições de Grécia, Irlanda, Portugal, Itália e Espanha, entre 2008 e 2011, cuja participação na assistência feita pelo DAC-OCDE caiu de 12% para 8% (World Bank, 2012, p.137). Apesar disso, os recursos disponíveis aumentaram em cerca de US$ 12 bilhões, graças aos aportes adicionais de membros da União Europeia e de novos doadores, dentre os quais instituições filantrópicas privadas, países não do DAC-OCDE e países de renda média como os Brics (Brasil, Rússia, Índia, China e África do Sul).

Um terceiro ponto de destaque é que no período 2005 a 2010 ocorreu, pela primeira vez, uma inversão nos desembolsos por grupos de renda. Os recursos que, até então, eram prioritariamente destinados aos países de renda média baixa se voltaram majoritariamente aos países menos desenvolvidos. Essa tendência relevante de se voltar aos "mais pobres dentre os pobres" se observa há alguns anos nas políticas dos organismos multilaterais e fica evidente nos programas de redução de dívida e nos Objetivos de Desenvolvimento do Milênio (ODMs). Apesar disso, os programas que têm a ver com o combate à fome – ajuda alimentar, segurança alimentar e agricultura – responderam por apenas 10% do total da assistência em 2010, mesmo levando em conta o aumento nos preços dos alimentos.

Parte significativa dessa assistência foi dirigida a programas de perdão de dívida, condição *sine qua non* para abrir espaço a programas de redução de pobreza em muitos países. Numa avaliação feita pelo FMI (30.09.12, p.1-4), o assunto foi abordado de forma abrangente: ao seu final, deve haver uma redução de 90% na dívida dos atuais 39 países em análise. O Banco Mundial estima que o alívio de dívida foi da ordem de dois pontos percentuais do PIB dos 36 países mais avançados nos programas, o que permitiu que os gastos em programas internos de assistência social se acelerassem bastante.

Na esfera dos ODMs, alguns avanços se explicam mais por medidas unilaterais tomadas por países como China e Índia, cujas expressivas taxas de crescimento econômico sustentaram a incorporação de vastos segmentos populacionais à economia de mercado. De todo modo, avaliações recentes mostraram comportamentos exitosos na redução da pobreza extrema e no acesso à água potável, que já atingiram os objetivos previstos para 2015. Esforços para dar as mesmas oportunidades educacionais a meninas e meninos também estão bem encaminhados. Acessos à educação primária e a saneamento estão um pouco menos satisfatórios. O desempenho mais problemático está com os programas ligados diretamente ao combate à fome: mortalidade infantil e maternal.

A crise econômica global impactou esses segmentos porque, segundo os organismos multilaterais, houve duas explosões nos preços de produtos alimentícios e de energia, que agravaram a situação de milhões de pessoas, as quais regrediram para o estágio de miséria absoluta. A principal crítica que se pode fazer é no sentido de que é desumano fixar o objetivo de que 1 bilhão de pessoas, por volta de 12% da população da terra, tenha de viver em condições de subnutrição por ganhar menos de US$ 1,25 ao dia em 2015. Não há escassez ou deficiência tecnológica que justifique esse quadro.

As economias avançadas explicam esse quadro atribuindo responsabilidade ao controverso tema dos elevados preços dos alimentos nos anos recentes. A questão é séria, mas é uma simplificação atribuir a ela o agravamento da fome no mundo. Os preços das *commodities* estão muito mais ligados a mudanças na estrutura econômica mundial, com a inserção à economia de mercado de vastos segmentos da população asiática, China em especial. O próprio sucesso de programas de assistência social em retirar grandes contingentes da miséria absoluta implica colocar pressão no preço dos alimentos e da energia. Além disso, a política monetária de forte expansão da quantidade de dinheiro em circulação executada nos países centrais promove a desvalorização da moeda mundial e ocasiona aumento defensivo nos preços dos produtos primários. Por isso, os países em desenvolvimento enfatizam a incapacidade de os países doadores aportarem recursos compatíveis com seus compromissos, especialmente os Estados Unidos que, apesar de terem aportado 20% das contribuições de 2010, não foram além de 0,2% de sua renda nacional bruta.

Uma síntese da primeira parte

O objetivo perseguido nesta primeira parte do livro foi o de comparar a crise de 1929 com a crise econômica global iniciada em 2007. Para atender a esse propósito, três pontos tiveram de ser analisados: a mudança na estrutura dos sistemas financeiros que a tornou intrinsecamente mais instável, o abandono dos pilares que sustentaram a ordem econômica de Bretton Woods e a tendência de aumento na desigualdade social.

Se observado o primeiro ponto com olhos contemporâneos, a estrutura do sistema financeiro norte-americano nas primeiras décadas do século XX era bastante frágil e havia um número expressivo de bancos pequenos. Alguns bancos grandes já ponteavam, mas, no geral, mesmo essas instituições ainda eram apenas regionais.

Apesar disso, sua forma de funcionamento admitia o convívio de bancos comerciais e de investimento, aqueles supervisionados pelo banco central e estes frouxamente submetidos a autoridades estaduais. A escassa, senão inexistente, fiscalização sobre os bancos de investimento propiciou a ocorrência de operações especulativas e altamente rentáveis nesse segmento, mas não nos bancos comerciais, que se sujeitavam ao crivo do Fed quanto ao nível praticado em suas taxas de juros. Para sobreviverem nesse ambiente de discriminação, os bancos comerciais acabaram aproximando suas estratégias às dos bancos de investimento. A especulação se alastrou sob os olhares complacentes da autoridade monetária e junto com ela o risco de crédito.

A Lei Glass-Steagall entrou em vigor em 1933, com o propósito de combater a especulação dos bancos, que enfrentavam descasamentos de prazos e de liquidez, e de impedir a unidade das funções bancárias, banco de investimento e comercial, em uma só instituição. A essência desse *sistema financeiro de crédito* repousava na segmentação ampla do mercado, assim entendida a separação por tipo de operações e pela limitada amplitude geográfica de atuação. Por mais primitiva e monótona que tivesse se tornado a atividade bancária, sua submissão às necessidades da produção e do comércio propiciou à economia viver um período de grande prosperidade.

O fim da segmentação bancária norte-americana acompanhou os percalços da economia do país. Foram inúmeras as explicações para a passagem de um *sistema financeiro de crédito* para um *sistema financeiro de mercado*: choques de oferta, particularmente em petróleo, tensões inflacionárias, estreitamento de prazos nas captações e aplicações de recursos, taxas flutuantes de juros e de câmbio e movimentos livres de capital. Os mercados financeiros se internacionalizaram ao acompanhar a transnacionalização produtiva e se transformaram numa espécie de agenciadores de operações financeiras e não mais intermediários financeiros tradicionais. A crise da dívida de 1982, que pegou os bancos em cheio, os havia ensinado a fugir do risco de crédito que lhes era imposto pela segmentação de 1933.

Houve uma clara tendência de universalização dos bancos e de desenvolvimento dos mercados de capitais, ao tempo em que ocorria uma concentração do investidor relevante nas figuras das companhias de investimento e dos investidores institucionais. Os Estados Unidos assumiram uma clara liderança nesse processo de passagem dos tradicionais sistemas financeiros de crédito para os sistemas financeiros de mercado. As inovações financeiras introduzidas, basicamente securitizações e derivativos, permitiram ao sistema melhor enfrentar as dificuldades de uma nova era em que o cálculo capitalista se tornou mais incerto, particularmente quanto às flutuações de juros e de câmbio. Por outro lado, a expansão desenfreada dessas inovações e o furor desregulamentador do governo Reagan são básicos para entender as inúmeras crises especulativas dos anos 1980 e 1990, que serviram de antecipação para a atual crise econômica global.

O segundo ponto, a ordem econômica pós-Segunda Guerra Mundial, indica que, onze anos depois da Lei Glass-Steagall, a solução dada ao sistema financeiro precisava encontrar contrapartida na estrutura econômica global. John Maynard Keynes pelo Reino Unido e Harry Dexter White pelos Estados Unidos, representantes de seus países em Bretton Woods, concordavam que era preciso colocar um fim às políticas que marcaram o período entre guerras e apoiavam a introdução de uma nova ordem econômica. Essas políticas se caracterizavam pela ausência de controles sobre as transações financeiras internacionais, por medidas protecionistas unilaterais e por desvalorizações competitivas de algumas moedas, que resultavam em perdas para outras. Ambos defenderam a instalação de um capitalismo regulado, com vistas ao fortalecimento dos Estados nacionais e de relações externas estáveis.

Os pilares em que o acordo se assentou foram as taxas fixas de juros, as taxas administradas de câmbio e o controle do movimento de capitais de curto prazo. Uma expressão dos tempos que correm talvez valesse para aqueles anos: tolerância zero com a especulação. Numa interpretação livre, o Acordo de Bretton Woods tinha algo do espírito da Lei Glass-Steagall, no sentido de que uma macroeconomia regulada se mostrava simétrica ao controle das atividades bancárias. Ambos eram dotados de um mesmo espírito renovador com relação às práticas que resultaram na crise de 1929.

O consenso para por aí. Na posição de ter de defender a enfraquecida potência dominante do século XIX, Keynes propôs avanços que também atendiam aos propósitos dos países em desenvolvimento. Sua ideia de criar um banco, que ele denominou de Clearing Union, para reciclar os recursos dos países superavitários para os deficitários, a custos baixos, se explicava por sua convicção de que era preciso manter as economias funcionando próximo ao pleno emprego. Ajustes recessivos introduzidos por países com déficits em suas contas externas não significavam senão perdas evitáveis e dolorosas, que forçavam o sistema a trabalhar abaixo de seu potencial.

White não se sensibilizou com um projeto que era teoricamente elegante, mas não satisfazia aos interesses predominantemente comerciais dos Estados Unidos. Era utópico por não levar em conta a disparidade de forças dos Estados Unidos para com as demais economias avançadas. O foco da potência hegemônica do século XX estava ligado a uma nova abertura dos portos, esfera em que a produtividade norte-americana não encontrava rival. Com isso, o banco de Keynes foi "rebaixado" ao fundo de White. As consequências foram sérias: a abrangência de atuação e o montante de recursos disponíveis ao FMI ficaram aquém do necessário. E essas consequências se refletem até hoje, porque não se introduziram mecanismos de ajustamento automático dos balanços de pagamentos e não se estruturou um emprestador-de-última-instância para os bancos centrais.

Apesar dessas limitações, o período entre os anos seguintes ao fim da guerra e o início da década de 1970 mostrou ser uma época de grande prosperidade interna e externa, que favoreceu a recuperação das antigas potências industriais.

O quadro de instabilidade do dólar começou nos anos 1960, por conta do excesso da moeda nos mercados internacionais, cujo montante estava a ponto de superar o estoque de ouro nos Estados Unidos (Eichengreen, 2009, p.49). A percepção de que o dólar estava se enfraquecendo perante o ouro nos mercados, apesar da relação fixa estabelecida em Bretton Woods, esteve na origem da criação dos Direitos Especiais de Saque (DES), em 1969, e do início em 1961 das discussões acerca da criação da União Europeia, como forma de enfrentar o que era visto como o fim próximo do sistema de Bretton Woods. Para questões cambiais, a derrocada dos pilares em que o sistema se apoiava ocorreu em 1973, quando se apagaram os últimos vestígios da conversibilidade do dólar em ouro. A flutuação do dólar implicou, em curto espaço de tempo, a liberalização dos fluxos de capital e a generalização do regime de taxas flutuantes de câmbio: primeiro pelas economias avançadas e, nos anos 1990, após a renegociação de suas dívidas externas, pelos países emergentes. O último pilar, as taxas fixas de juros, caiu por conta da redistribuição de parte da riqueza financeira mundial para os bolsos dos países produtores de petróleo, após os dois choques de oferta da década de 1970. A pá de cal se deu na crise da dívida dos países em desenvolvimento, em 1982. Bretton Woods se tornou passado e, com ele, a ideia de regulação econômica.

A partir dos anos 1980, a volatilidade das taxas de câmbio explicou boa parte dos mais importantes movimentos dos anos finais do século XX. A relocalização industrial de empresas japonesas e norte-americanas para a Ásia, por exemplo, lançou as bases das profundas alterações na estrutura da produção industrial mundial. A crise dos anos 1990 nos países em desenvolvimento, por seu turno, fechou as cortinas do milênio deixando clara a falência de todo quadro institucional que prevalecia até então. O que viesse depois deveria ser de outra natureza. Não o foi.

O terceiro ponto parte do fato de que mais incerteza e menos transparência implicam horizontes de negócios mais curtos. O homem moderno, preso por um fio a velhas crenças na transcendência de seu papel, deu lugar ao homem contemporâneo, esgotado de esperanças e preso ao imediatismo do tempo presente. Dessa constatação deriva o forte impacto que isso trouxe aos trabalhadores e aos segmentos populacionais mais frágeis financeiramente.

Na crise de 1929, já foi mencionado que a produção industrial caiu entre 20% e 30% nos Estados Unidos, Alemanha e Grã-Bretanha. O desemprego afetou milhões de pessoas naqueles países. Em 1933, um quarto da força de trabalho dos Estados Unidos estava desempregada e 28% dos 120 milhões de habitantes não tinham fonte visível de renda. O mesmo se passou na crise atual, em que um relatório de 2009 da ONU estimou um acréscimo de 50 milhões de pessoas desempregadas no mundo em 2009, com relação a 2007, e que cerca de 200 milhões de pessoas poderiam ser empurradas para a pobreza.

Relevantes, portanto, foram os impactos na concentração de renda e da riqueza resultantes das políticas liberais de enxugamento das máquinas estatais e de crescimento da importância relativa dos sistemas financeiros, agora internacionalizados. Após 1980, a remuneração dos trabalhadores norte-americanos sofreu deterioração relativamente aos lucros empresariais, que inverteu a tendência virtuosa dos 25 anos iniciados com o fim da guerra. Os lucros empresariais, por sua vez, mostraram uma parcela crescente de apropriações por parte de empresas financeiras, com relação a empresas não financeiras. O estoque de riqueza financeira da sociedade norte-americana também aumentou relativamente mais que a renda disponível, líquida de impostos. No plano mundial, os dados permitem explicitar o processo de "financeirização" da riqueza, ao mostrar uma ampla difusão da preferência por formas líquidas de acumulação de ativos.

Os números da assistência oficial ao desenvolvimento, outro indicador das tendências antissociais, exibem estagnação nas contribuições das nações avançadas, cujos recursos destinados aos mais pobres permanecem em níveis baixos. Apesar de avanços nos programas multilaterais de perdão de dívida, os Objetivos de Desenvolvimento do Milênio parecem considerar aceitável que 1 bilhão de pessoas ou 12% da população mundial tenham de continuar a viver em condições de subnutrição por ganhar menos de US$ 1,25/dia em 2015.

Uma conclusão e algumas aproximações com 1929 podem, então, ser tiradas dessas discussões. A conclusão é que no imediato pós-guerra a hegemonia norte-americana se baseava na liderança tecnológica e industrial, com a dominação financeira em segundo plano. Os anos começados em 1980 viram acontecer uma inflexão na abrangência dessa hegemonia, que manteve a liderança tecnológica, mas passou a se apresentar mais sob uma forma crescentemente financeira, pela internacionalização dos sistemas financeiros domésticos, até como uma alternativa à relocalização de suas indústrias no exterior.

A primeira das aproximações do quadro atual com 1929 é o peso exercido em ambas as crises pelos significativos desajustes entre o sistema de bancos comerciais, supervisionados pelo Fed, e os bancos de investimento que atuavam livremente num sistema financeiro de parca regulamentação. As diferenças se explicam pela dimensão e abrangência do sistema financeiro norte-americano, que ocupou o espaço nacional no pós-guerra e assumiu a liderança na esfera internacional a partir dos anos 1970.

Outra aproximação foi apontada por Ahamed (2010, p.425-428), para quem o amplo alcance da crise de 1929 é explicado pelo fato de ela ter sido um conjunto de crises interligadas. A proporção do colapso econômico ocorrido entre 1929 e 1933 teria tido sua origem na contração da economia alemã em 1928, na quebra de Wall Street em 1929, nos pânicos bancários em série a partir do final de 1930 e na desintegração das finanças europeias em 1931. São vários os paralelos com a crise atual; um deles é a crise de 1994 no México com a de 1928 na Alemanha, não obstante as diferenças de peso relativo de cada um deles no momento histórico em que viviam. Melhor teria sido ampliar a correspondência da Alemanha de 1928 com a crise que afetou países da Ásia e da América Latina, na segunda metade dos anos 1990, que envolveu, dentre outros, Rússia, Indonésia, Coreia do Sul, Brasil e Argentina.

Outra aproximação ainda pode ser feita entre o colapso da Bolsa de Nova York em 1929 com a quebra do mercado de ações nos anos 1990, por conta da "bolha ponto.com", que catapultou o preço das ofertas primárias de ações de empresas da área de tecnologia da informação. Lá como cá, o mercado havia perdido todo o contato com a realidade. Finalmente, a desintegração financeira europeia iniciada em 1931 encontra seu correspondente na crise hipotecária de 2007, agravada pela falência do Lehman Brothers em 2008 e agudizada pelos primeiros sinais, em 2009, da crise europeia.

Apesar de essa analogia ser relativamente válida, há uma diferença importante: a crise de 1929 se assemelhou a um vendaval porque apresentou todos os problemas sequencialmente, enquanto a crise atual teve intervalos relevantes entre a quebra dos países em desenvolvimento na década de 1990, o *crash* dos anos 1990 nas bolsas e a crise hipotecária em 2007. Neste caso, é como se o maremoto fosse ocorrendo da periferia para o centro. Hoje se sabe que tudo foi parte de um só processo, mas, antes de 2007, parecia que os Estados Unidos haviam sido afinal vitoriosos em sua batalha contra a URSS, que se desintegrou, e em sua capacidade de impor regras de mercado aos recalcitrantes países emergentes. Pode-se derivar daí que 1929 foi mais abrangente em sua composição, mas 2007 mostra profundidade maior na questão do impacto dos sistemas financeiros e de suas consequências para a sustentabilidade fiscal dos respectivos Estados nacionais.

Não parece, então, despropositada a ilustração que abre esta primeira parte. Alfred Kubin foi um artista simbolista que se opôs à arte oficial das academias e procurou libertar a imaginação. O simbolismo é arte do onírico e seu campo é o da ambiguidade. Cabe ao espectador decifrar o que vê. Em *Der Mensch* há uma ideia de vertigem no destino humano. O Homem corre sobre trilhos ladeira abaixo, sem freios e com os pés presos a rodas. Seu destino parece predeterminado. Os trilhos se perdem num clarão ao fundo: as primeiras luzes da salvação ou as primeiras labaredas da perdição?

Michelangelo Buonarroti, *O juízo final (pormenor)*, 1537-1541, pintura afresco, 1370x1220 cm, Capela Sistina – Vaticano.

Parte II
Anos 2000:
auge e crise sistêmica

Para o grego Eurípides, aqueles a quem os deuses querem perder,
primeiro os enlouquecem com o orgulho (hybris).

5
"Último baile da Ilha Fiscal" e crise hipotecária de 2007

No novo milênio, era impossível não admitir a extensão da vitória norte-americana nas esferas política, econômica e militar. O Primeiro Mundo já havia riscado do mapa o Segundo, a URSS, e o Terceiro, os países em desenvolvimento, estava devidamente controlado. As principais previsões para a economia mundial refletiam essa percepção e, portanto, estavam todas encharcadas de um otimismo delirante.

O período de expansão de quatro anos iniciado em 2003, que se estendeu até 2007, prometia ser um dos mais virtuosos das últimas décadas, sob quaisquer pontos de vista. Ele ficou conhecido como a Grande Moderação. As taxas de crescimento do produto mundial se aceleravam, a ponto de atingirem a média de 5% ao ano nas projeções do FMI. Um desempenho talvez único sob uma ótica histórica. Contribuía para isso o comportamento do PIB dos países emergentes, que estariam crescendo por volta de 7% ao ano, e das taxas de inflação, que eram cadentes *urbi et orbi*, assim como os juros reais de curto e longo prazo.

Contas externas dos países em desenvolvimento

Os resultados mais importantes se manifestaram nas contas dos balanços de pagamentos, que passaram por uma inflexão de proporções substantivas. Em 2002, a crise da segunda metade dos anos 1990 dos países emergentes já estava absorvida. Eles saíram de uma posição deficitária histórica nas transações correntes para uma acumulação de grandes superávits, que se refletiu em forte incremento nas reservas internacionais.

Dois ciclos de médio prazo marcaram a trajetória desses fluxos de capital: o primeiro, no período 1990 a 2002; o segundo, entre 2003 e 2009, que apontava para melhora a partir de 2010. O primeiro ciclo, já comentado, durou treze anos subdivididos em uma alta entre 1990 e 1997 e uma baixa entre 1998 e 2002, que determinou a "crise asiática" e da América Latina (FMI/World Economic Outlook Database, abr. 2013). A fuga de capitais privados foi da ordem de US$ 608 bilhões correntes ou 65%. O segundo ciclo (dez anos) foi mais curto e intenso; ele também apresentou dois momentos distintos: expansão entre 2003 e 2007, quando o total dos fluxos financeiros privados líquidos somou US$ 1,77 trilhão (média anual de US$ 354 bilhões) e retração entre 2008 e 2009 para US$ 600 bilhões (média anual de US$ 300 bilhões), por conta do início da crise hipotecária nos Estados Unidos. A mudança de sinal foi da ordem de US$ 1,17 trilhão ou 66%. Entre 2010 e 2012, um novo ciclo parece ter começado, porque os fluxos privados anuais aceleraram para US$ 1,24 trilhão (média anual de US$ 433 bilhões), que permitiram a melhora dos saldos em conta corrente e a continuidade do processo de acumulação de reservas internacionais (Gráfico 6).

Gráfico 6 – Fluxos líquidos de capital para países em desenvolvimento – US$ bilhões

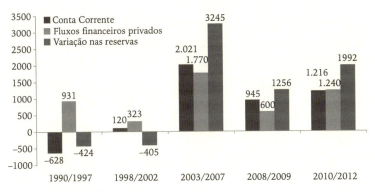

Fonte: WEO/FMI, abr. 2013.

No período mais intenso nos fluxos internacionais, 2003 a 2007, seus superávits em conta corrente somaram cerca de US$ 2 trilhões, que, adicionados aos fluxos financeiros privados de US$ 1,8 trilhão, foram muito além das reais necessidades de recursos externos. Por isso, houve uma acumulação de reservas inimaginável em qualquer tempo anterior: US$ 3,2 trilhões; isto é, os superávits em conta corrente *per se* dispensavam o acesso a novos recursos privados, que, no agregado, vieram apenas se somar a eles na acumulação excessiva de reservas internacionais. Essa é uma forte evidência da essência procíclica dos fluxos de capital para os países emergentes.

O auge do financiamento externo privado foi alcançado em 2007, com recursos catorze vezes superiores aos do final de 2002. Entre 2003 e 2007, a Ásia em desenvolvimento continuou a ser o porto preferencial de desembarque dos financiamentos externos aos países em desenvolvimento (37% do total), seguida pela Europa Central e do Leste (27%), pela Comunidade dos Estados Independentes (13%) e pela América Latina e Caribe (11%). O padrão de financiamento externo para cada região, porém, foi distinto. Ao contrário da Ásia em desenvolvimento e da América Latina e Caribe, a Europa Central e do Leste, como que antecipando a crise em seu caminho, recebeu o equivalente a cerca de 8% do seu PIB regional prioritariamente sob a forma de empréstimos bancários e não bancários e investimentos de portfólio. Muito baixa foi a contribuição dos investimentos externos diretos. Pode-se afirmar, então, que ela utilizou relativamente mais intensamente os fluxos externos privados e ficou mais dependente de capitais de curto prazo; por isso, maior foi sua volatilidade.

Nos países avançados, a conta corrente se apresentava razoavelmente equilibrada. O déficit conjunto desses países era reflexo do peso da economia norte-americana. Ao final de 2007, o déficit estrutural da economia dominante, da ordem de 7% do PIB, encontrava contrapartida no ingresso de capitais asiáticos, em especial da China e do Japão, além da Alemanha. Acreditava-se na perpetuação desse quadro.

Acumulação de reservas internacionais

Uma consequência controvertida da natureza procíclica dos fluxos financeiros internacionais é a excessiva acumulação de reservas pelos países emergentes. Elas aumentaram cerca de seis vezes nos anos 2000, até 2012, quando atingiram a marca de US$ 11 trilhões, segundo *Statistics Department COPER data base and International Financial Statistics* (FMI, abr. 2013). Até 1999, a concentração dessas reservas era de cerca de dois terços para os países avançados e um terço para os países em desenvolvimento. Desde 2005, houve uma inversão nessa concentração para um terço naqueles e dois terços nestes. Há, porém, uma dificuldade grande e crescente em identificar as aplicações dessas reservas. Ao final de 2012, apenas 56% das reservas estavam identificadas (77% em 1999), sendo 89% nos países avançados e 39% nos países em desenvolvimento. A resposta para esse ponto deve ser buscada em países como China e Índia, que não divulgam seus dados com transparência, sob a alegação de que o acordo do FMI requer a divulgação do total, mas não a sua composição (gráficos 7 e 8).

Gráfico 7 – Reservas internacionais (US$ bilhões)

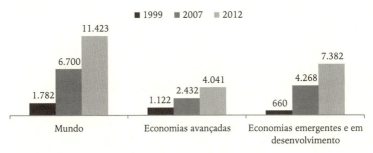

Fonte: IMF Statistics Department COPER data base.

Gráfico 8 – Distribuição percentual das reservas internacionais

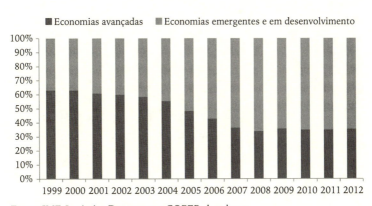

Fonte: IMF Statistics Department COPER data base

De todo modo, o fato marcante são as reservas chinesas. Ao final de 2012, com mais de US$ 3 trilhões de reservas oficiais, a China alcançou o inimaginável nível de 31% das reservas mundiais, 46% das reservas dos países em desenvolvimento e 90% das reservas dos países avançados. Com parceiro de tal magnitude, fica fácil entender por que os países Brics estavam com 41% das reservas mundiais: Rússia (5%), Brasil (3%), Índia (2%) e África do Sul (menos de 1%).

A crise hipotecária de 2007

Em setembro de 2007, começou a crise financeira no mercado imobiliário dos Estados Unidos. De 2008 em diante, o agravamento da crise se encarregou de reverter o quadro de euforia instalado nos mercados e repetir as tendências da década anterior. Dados do FMI mostram a alteração em alguns indicadores que atingiram mais fortemente as economias avançadas. O PIB de 4% da média 2000 a 2007 recuou para 3% na média de 2008 a 2012, com queda de 3% para 0,5% nas economias avançadas e de 6% para 5% nos países emergentes. As tendências recessivas jogaram a inflação para baixo nas economias avançadas, que ficaram em 2% na média, mas que se manteve praticamente estável nos países emergentes, em cerca de 7%. As importações de bens e serviços se retraíram pesadamente, de 7% para 3%.

O mais incrível no advento da mais grave crise capitalista em oitenta anos foi que os instrumentos financeiros que a explicaram foram cópias requentadas das inovações que já tinham estado na origem das crises dos anos 1980 e 1990. Requentadas e um pouco mais requintadas. No Capítulo 1, quando se fala das primeiras crises, onde se lê *aquisições alavancadas*, leiam-se agora *fundos de private equity*; as Collateralized Mortgage Obligations (CMO) foram substituídas pelas Collateralized Debt

Obligations (CDO); e os seguros de portfólio deram lugar aos Credit Default Swaps (CDS). Operações de arbitragem, como as do LTCM, também continuaram a todo vapor.

As aquisições alavancadas, isto é, as compras de empresas com endividamento para reestruturação e posterior venda a fundos de investimento, em especial a investidores institucionais, tiveram como sucessores os fundos de *private equity*.

Tipicamente, esses fundos são geridos por administradores profissionais, que captam recursos de investidores institucionais para adquirir participações acionárias relevantes no capital de algumas empresas vistas como tendo potencial de aumento de valor. Durante períodos variáveis, que podem chegar a quatro anos, os investidores institucionais repassam recursos aos administradores para a compra e a reestruturação dessas empresas. É a época de desembolso de recursos. Na sequência, mais alguns anos, vamos supor outros quatro anos, são dedicados a vendê-las na expectativa de ganhos substanciais. Em geral, os investidores institucionais podem ganhar muito em épocas de expansão dos negócios, mas os gestores também se apropriam de um bom bocado. Além de uma taxa de retorno pela administração do fundo, eles ganham uma expressiva "taxa de sucesso", que costuma ser uma percentagem dos lucros no negócio.

No capítulo 2, ao se comentar a *Pax Americana* nos anos subsequentes à Segunda Guerra Mundial, foi enfatizado o caráter de permanência das decisões de investimento. A jovem e vitoriosa sociedade norte-americana alimentava o sonho de concretizar grandes projetos industriais e de torná-los no que havia de maior e mais avançado tecnologicamente no mundo. O conceito de investimento estava associado à criação de riqueza física nova.

O estreitamento do tempo parece ter sido menos generoso com essa sociedade, à medida que ela amadurecia. O conceito de investimento deixou, paulatinamente, de representar a criação de riqueza nova e se transformou em "engenharia financeira" na troca de propriedade de riqueza velha. É claro que reestruturar os processos produtivos ou melhorar a administração de uma empresa, que estão no campo de atuação de *fundos de governance*, uma variante dos *fundos de private equity*, pode trazer benefícios sociais. Nunca, porém, tão sólidos quanto os decorrentes da construção de grandes indústrias tecnologicamente avançadas, como ocorreu na fase do capitalismo industrial norte-americano. E menos ainda nos anos 2000, em que essas operações encobriram processos especulativos de compra, enfeite superficial do tipo "escovar o cavalo para deixar seu pelo sedoso" e, para aproveitar a enorme liquidez ociosa, venda rápida a um bando de tolos. Este, por sua vez, sempre julga que encontrará outro bando de "tolos maiores" para nova venda mais adiante.

Uma segunda complicação teve a ver com as securitizações. Como a negociação futura implica a uniformização e atomicidade do produto a ser negociado, as hipotecas imobiliárias foram transformadas em *commodities*, o que permitiu o seu empacotamento e consequente distribuição por inúmeros investidores, institucionais ou não. Nesse sentido, a uniformização das hipotecas foi uma grande inovação. Tomadas em si mesmas, as securitizações são um processo válido para fazer "girar a roda do crédito". Em princípio, nada de errado na transformação de créditos em títulos e no seu empacotamento posterior.

A questão central, que remete a Hyman Minsky, foi a crescente liberalidade na concessão de crédito, uma vez que o ambiente desregulamentado não impunha limites à capacidade de re-empacotamento. Foi aí que apareceu a figura do investidor Ninja, cujas características básicas eram não ter renda, emprego e patrimônio (*no income, no job, no asset*, na piada em inglês). Foi nesse sentido que as hipotecas desses clientes *subprime*, ou lixo tóxico, que não teriam crédito em situações de normalidade dos mercados, foram acolhidas pelas agências Fannie Mae e Freddie Mac, que acabaram por permitir que os bancos as originassem e distribuíssem, em detrimento da qualidade dos papéis. Começou a construção de uma corrente da felicidade, que às vésperas da eclosão da crise já mostrava algum tipo de fraude em cerca de 90% das operações de um mercado que girava algo como US$ 1,3 trilhão (Silva, 2011a, p.316-321).

O instrumento que permitiu essa securitização foi a criação das Collateralized Debt Obligations (CDO). Elas se diferenciavam das CMO apenas na abrangência: enquanto estas se referiam a hipotecas, aquelas envolvem hipotecas, cartões de crédito, empréstimos para países emergentes, empréstimos a empresas e ao consumidor e outros ativos. As hipotecas com risco ruim eram muitas vezes re-empacotadas pelos bancos, junto com ativos melhores. Como elas representavam um percentual pequeno dos créditos recebíveis, melhorava a classificação da carteira como um todo e as *subprime*, o lixo tóxico, puderam se espalhar pelo mundo travestidas de "triplo A", com a conivência das agências de classificação de risco.

Em vários casos, porém, esse lixo tóxico era ruim demais para fazer parte de uma carteira de investimentos. Os bancos, nesses casos, os apartavam da carteira e os aportavam nos Structured Investment Vehicles (SIV), que eram sociedades de propósito específico, geralmente sediadas em paraísos fiscais. Elas procuravam manter à tona uma estrutura de capital cujos ativos – *subprimes* com retornos improváveis de vinte a trinta anos de prazo – seriam sustentados por passivos representados por notas promissórias (*commercial papers*) vendidas no mercado de curtíssimo prazo (noventa dias), conforme Cintra e Fahri (2008).

Como se sabe, empresas insolventes são aquelas cujos retornos dos ativos são incapazes de fazer frente às necessidades de servir a sua dívida, isto é, de pagar os juros e quitar prestações. Se vivo fosse, Minsky possivelmente denominaria essa estrutura de *Ponzi*, uma vez que passivos contratuais de curto prazo, juridicamente perfeitos, não tinham a menor possibilidade de serem honrados com retornos altamente incertos, de longo prazo.

Não era difícil supor, portanto, que esse mercado de lixo tóxico entraria em colapso, ainda que apenas uns poucos analistas o tenham feito. Foi o que aconteceu entre junho e setembro de 2007. Quando começaram as inadimplências, não apenas as *subprime*, mas todas as carteiras que as continham também derreteram. Um caso clássico de contágio. Em junho e julho de 2007, começou o processo de deflação de ativos e os mercados de notas promissórias (Asset-Backed Commercial Papers – ABCP) e os CDO travaram. Na sequência, o mercado interbancário paralisou. Como a classificação dos papéis também começou a cair, os investidores institucionais começaram a vendê-los porque, por obrigação legal, seus títulos em carteira precisam ser compreendidos dentre os de melhor classificação.

Um terceiro complicador foi definir o papel das seguradoras nesse processo. Isso tem a ver com os derivativos de crédito ou Credit Default Swaps (CDS), sucedâneos do seguro de portfólio. O CDS é, em última análise, uma troca: o banco quer melhorar a classificação de um papel e, para isso, paga a uma seguradora para ter o seu *rating*. Em outras palavras, uma seguradora triplo A "empresta" sua classificação para um papel, em troca de uma remuneração. Se o papel não for pago, a seguradora terá de fazê-lo. Na crise, a situação das seguradoras ficou tão periclitante que os bancos foram obrigados a capitalizá-las. Uma quebra nelas poderia levar a uma quebradeira geral. O mesmo já ocorrera na quebra do mercado de ações em 1987, pelo simples motivo que seguros podem ser honrados quando um infortúnio ocorre com um segurado ou com um segmento de segurados de mesma natureza, mas nunca com todo o mercado. Esse foi, precisamente, o caso da AIG. O secretário do Tesouro Henry Paulson deixou o banco de investimentos Lehman Brothers quebrar, mas não a maior seguradora do mundo.

Para se ter uma ideia dos montantes envolvidos com CDS, tome-se sua criação em 2005 e sua evolução posterior. Naquele primeiro ano de existência, o montante em aberto (estoque) de CDS foi da ordem de US$ 14 trilhões. Ao final de 2007, o montante estava em cerca de US$ 58 trilhões ou quatro vezes mais. Desde então, o estoque de CDS vem caindo de forma monótona até atingir cerca de US$ 25 trilhões, em dezembro de 2012, menos da metade de seu pico em 2007.

Quando se analisa como se chegou a esse ponto, fica claro que o Fed teve grande responsabilidade pela eclosão da crise. Os principais analistas viram como um grave erro o fato de Alan Greenspan reduzir e manter as taxas de juros sobre a dívida pública em níveis muito baixos, por tempo demais, além de dar liberdade excessiva para os promotores de inovações financeiras. No *Le Monde* (20 set. 2008) e no *Financial Times* (2 out. 2008), George Soros foi um deles. No *New York Times*, Paul Krugman (21 set. 2008) lembrou que as taxas de juros muito baixas tiraram poder da política monetária e, por isso, em vez de comprar ativos problemáticos, talvez fosse necessário uma nacionalização temporária de parte do sistema.

A verdade é que Greenspan se mostrou incapaz de aceitar que o aquecimento econômico mundial não estava se refletindo em inflação corrente, como quer a ortodoxia monetarista dos bancos centrais, mas em descontrole nos mercados de ativos, que inflavam e desinflavam uma série de bolhas especulativas, como as que ocorreram nos anos 1980 e 1990 e que voltaram a acontecer nos anos 2000. Morris (2009, p.109-112) bateu pesado e comparou a atuação de Greenspan com a de William McChesney Martin, também presidente do Fed nos governos Harry S. Truman e Richard Nixon. Para Martin, "a função do Federal Reserve é tirar a jarra de ponche assim que a festa estiver começando a ficar boa". Para Greenspan, a insistência em baixar as taxas de juros, mesmo quando a prudência apontava para o sentido oposto, correspondeu a "continuar a encher a jarra de ponche até ter certeza de que a festa estava realmente animada". Num mundo dominado por ícones, que atuam como representações falsas da realidade, não há estágios intermediários na passagem do *status* de gênio das finanças para o de incompetente. Tal foi a sina de Greenspan, curiosamente o autor da expressão "exuberância irracional".

A dimensão do problema

A partir de abril de 2009, o *Global Financial Stability Report*, publicado pelo FMI, começou a divulgar os riscos sistêmicos e a estimar o esforço necessário de capitalização do sistema financeiro para baixar a alavancagem. A magnitude dos números expostos deu razão àqueles que viam nessa crise uma característica inexorável: a realidade era sempre pior que a pior das expectativas.

A prova dessa afirmação estava em que a expectativa do FMI, em abril de 2008, era de perdas totais de US$ 945 bilhões nos empréstimos e securitizações dos Estados Unidos, no período de 2007 a 2010. Seis meses depois, em outubro, suas estimativas de cancelamentos resultantes dessas perdas subiram para US$ 1,4 trilhão. Um ano depois, em abril de 2009, alcançou US$ 2,7 trilhões, muito além da retirada de US$ 1 trilhão de ativos tóxicos do mercado, como pretendia o governo Barack Obama. A mesma atualização de abril de 2008 estimou cancelamentos de US$ 340 bilhões para perdas de bancos em ativos de mercados emergentes e incorporou, pela primeira vez, os dados de Europa e Japão. Com isso, as perdas totais estimadas subiram para US$ 4,05 trilhões, com os Estados Unidos respondendo por 67% delas, a Europa por 29% e o Japão por 4%.

Uma subdivisão por tipo de instrumento, isto é, pela soma de empréstimos e securitizações, mostra que as maiores perdas esperadas se concentravam nas hipotecas residenciais, US$ 1,8 trilhão, 79% das quais nos Estados Unidos e 21% na Europa. Somem-se a elas as hipotecas comerciais (US$ 546 bilhões), com 75% nos Estados Unidos e 25% na Europa. O segundo maior segmento era o corporativo, cujas perdas estimadas chegavam a US$ 990 bilhões, das quais 48% na Europa, 44% nos Estados Unidos e 8% no Japão. Na sequência, os empréstimos ao consumidor (US$ 630 bilhões), com 59% nos Estados Unidos, 31% na Europa e 10% no Japão.

Outra subdivisão mostrava que as perdas dos bancos correspondiam a 61% do total, enquanto 32% corriam por conta de *hedge funds*, fundos de pensão e outras instituições financeiras não bancárias, como a Fannie Mae e a Freddie Mac, e 7% eram das companhias seguradoras. Do total das perdas estimadas dos bancos, cerca de US$ 2,8 trilhões, eles já haviam cancelado, ao final de 2008, aproximadamente US$ 840 bilhões, ou 30%, fruto da retomada de seus lucros. Como o aumento de capital de US$ 790 bilhões não foi suficiente para compensar esses cancelamentos, houve uma redução na capitalização dos bancos em US$ 50 bilhões. Para 2009 e 2010, eram esperados novos cancelamentos de US$ 1,62 trilhão e uma expectativa de lucros retidos de US$ 1,17 trilhão, o que traria nova descapitalização ao setor de mais US$ 450 bilhões.

Por conta dos cancelamentos previstos entre 2008 e 2010, o FMI estimava que o capital extraordinário necessário para reduzir o endividamento do sistema para 25 vezes, consistente com um capital próprio da ordem de 4% do total de ativos, exigiria uma injeção de US$ 870 bilhões (43% na Europa, 31% nos Estados Unidos, 14% no Reino Unido e 11% em outros países europeus). Se a redução fosse para dezessete vezes, com um capital próprio de cerca de 6% dos ativos, a capitalização adicional teria de ser de US$ 1,47 trilhão. Os bancos europeus já eram vistos como os mais descapitalizados por seu forte envolvimento com os países da Europa do Leste e com sua própria periferia.

Na revisão de abril de 2010, as estimativas de cancelamento recuaram de US$ 2,8 trilhões para US$ 2,3 trilhões e na de outubro de 2010, para US$ 2,2 trilhões. Os números mostraram progresso na realização desses cancelamentos: 40% em bancos norte-americanos, 28% em bancos da zona do euro e 20% em bancos do Reino Unido. O *Global Financial Stability Report* – GFSR – (FMI, out. 2013, p.13-15) informou que mais de três quartos dos cancelamentos já teriam sido relatados, faltando apenas informar cancelamentos ou provisões adicionais de US$ 550 bilhões, que deveriam ser feitas até o final de 2010 (Silva, 2012a, p.6-7).

O ajuste dos sistemas bancários, contudo, não foi uniforme. Nos Estados Unidos, a maior fonte de recursos para capitalização veio de oferta pública de ações (63%) e de capitais privados (23%), com recapitalização governamental de apenas 14%. Na Europa, predominou o apoio governamental: 49% no Reino Unido e 53% na zona do euro. A oferta pública de ações foi, respectivamente, de 40% e 45%. Com isso, a razão dos capitais de melhor qualidade (capital próprio do banco sobre os ativos ponderados pelo risco) subiu nos Estados Unidos de 8% para 11%, entre 2007 e 2009; no Reino Unido e na zona do euro, de 8% para 10%.

O FMI/GFSR, porém, já detectava um aumento de risco na zona do euro em seus relatórios de outubro de 2010 e setembro de 2011. Apesar dos ajustes fiscais empreendidos por economias vulneráveis da região, a confiança ainda não teria sido restaurada e persistiam vulnerabilidades, particularmente ligadas aos riscos soberanos e à solidez dos sistemas bancários. O transbordamento dos riscos soberanos para o setor bancário foi amplificado por meio de uma rede de instituições financeiras altamente interconectadas e alavancadas. Nos Estados Unidos, desconfianças continuavam a cercar os balanços das companhias e mercados imobiliários. Como consequência, desde abril de 2010 subiu o custo da proteção dada pelos Credit Default Swap (CDS), o seguro contra perdas por falta de pagamento, para as instituições financeiras. Como consequência de suas vulnerabilidades, os balanços dos bancos permaneciam fragilizados, particularmente com relação à maturidade de seus passivos. Como resultado, um montante superior a US$ 4 trilhões de dívida teria de ser refinanciado nos próximos dois anos, 2011 e 2012, mais de 40% dos quais na zona do euro.

Os programas de resgate

As dificuldades do sistema financeiro mundial se agravaram em setembro de 2008, quando a quebra de inúmeros bancos, inclusive do tradicional banco de investimentos Lehman Brothers, representou um ponto de inflexão da crise. O pânico se instaurou e grandes discussões e alguns pacotes de resgate vieram à tona. Henry Paulson dirigia o Tesouro norte-americano do governo George W. Bush e sua primeira reação foi colocar a questão como um problema de liquidez. Ele pediu autorização ao Congresso para intervir discricionariamente no mercado, comprar os ativos tóxicos que estariam atravancando os circuitos de crédito, com isso visando sua baixa da contabilidade dos bancos, e estacioná-los em um fundo controlado pelo governo, de modo a que não fossem despejados no mercado a preços cada vez menores.

Ainda em setembro, algumas vozes significativas, como a de Nouriel Roubini (2008), se levantaram na imprensa contra o que poderia vir a ser um grande assalto aos cofres públicos. Ao contrário de Paulson, o diagnóstico defendido era de que a crise não era de liquidez, mas de solvência. O sistema financeiro norte-americano tinha baixa capitalização em razão de uma assimetria constatada na sua regulação. Repetindo o que havia ocorrido nos anos anteriores à crise de 1929, o segmento dos bancos comerciais sofreu aumento na regulação e supervisão nos anos posteriores a 1980, mas o mesmo não aconteceu com o segmento dos bancos de investimento. Consequentemente, isso estimulou a criação de um sistema financeiro paralelo (o *shadow banking system*), sem regulação e altamente alavancado.

"A crise explicitou o papel complexo e obscuro de instituições financeiras, que funcionavam como bancos sem sê-lo", afirmaram Maryse Fahri e Marcos Cintra (2008).

Debaixo de pressões das bancadas democrata, que exigia punições às instituições financeiras que se beneficiassem do plano, e republicana, que impôs o requisito de que os títulos fossem leiloados e cobertos por apólices de seguro, o Congresso aprovou o Programa de Alívio a Ativos Problemáticos (Troubled Asset Relief Program – Tarp, na sigla em inglês), no montante de US$ 700 bilhões, mas deixou várias pontas pendentes.

A ajuda governamental esbarrava em pelo menos dois obstáculos. De um lado, não se tinha noção exata do montante das perdas potenciais do sistema. Só se sabe que uma hipoteca não foi paga quando de seus vencimentos e de seus reajustes contratuais periódicos, confrontados com os valores dos imóveis aos quais servem de colateral. De outro lado, o valor desses ativos deixou de ser verificável, uma vez que os mercados pararam de negociá-los ou os negociavam a preços irrisórios.

Como então aportar recursos públicos para limpar as carteiras dos bancos e permitir o reinício de suas operações normais de crédito? Se os preços fossem os de mercado, o aporte seria mínimo, mas não solucionaria o problema dos bancos, que os rejeitariam; se fossem acima desse mínimo, representariam a socialização das perdas privadas. Para evitar esse impasse, analistas e acadêmicos sugeriram uma abordagem em dois estágios: no primeiro, o governo adquiriria os ativos sem liquidez a um preço determinado por ofertas privadas; no segundo, recapitalizaria os bancos.

Outro ponto é o comportamento dos investidores em momentos de crise aguda. O que se viu foi que o mercado caiu numa típica armadilha keynesiana de liquidez, na qual a preferência pela riqueza líquida é absoluta, não importando o nível a que possam atingir as taxas de juros. Mesmo relevante, qualquer ajuda governamental é usada para o pagamento de dívidas vencidas e não para recomeçar o circuito do crédito. Por conta disso, Yoshiaki Nakano (2009) acreditava que a saída da crise só poderia se dar se os programas de ajuda fossem voltados ao perdão, alongamento e diminuição de dívidas.

Em março de 2009, já sob a administração do presidente Barack Obama, um novo pacote retomou o diagnóstico de Paulson ajustado pelos defensores da abordagem de dois estágios. O Departamento do Tesouro anunciou um plano denominado de Programa de Investimento Público-Privado para retirar até US$ 1 trilhão de ativos tóxicos do sistema bancário norte-americano por meio de leilões entre investidores. A Federal Deposit Insurance Corporation (FDIC), agência que supervisiona o sistema bancário, foi definida como responsável pelos leilões junto a investidores privados. Aqueles que mais pagassem pelos papéis, contariam com financiamento generoso da FDIC, que poderia chegar a 85% do valor pago pelo investidor. A parte restante seria dividida em outras duas, com o comprador pagando metade e o Tesouro a outra metade, com recursos do Tarp. No total, o subsídio governamental passaria de 90% da operação. Se o ativo continuasse a se desvalorizar, seria, praticamente, o governo quem pagaria a conta; se houvesse valorização futura, o que só poderia ocorrer se os imóveis voltassem a se valorizar e os devedores em hipotecas voltassem a pagar suas dívidas, ganhariam o investidor e o governo (Canzian, 2009).

A lógica subjacente a essa abordagem restaura a inquebrantável fé nos desígnios do mercado: um investidor privado estaria muito mais habilitado a chegar ao nível correto do preço do ativo tóxico que um agente do governo. Dificilmente essa lógica pode prevalecer, porém, dado que o comprador potencial do papel tem plena consciência do nível de subsídio envolvido no plano do governo, o que influencia sua disposição ao risco.

Afinal, só uma parcela mínima de seu dinheiro está em jogo. Não foi por outro motivo que Krugman (2009a) denominou o plano de troca de "dinheiro por lixo". O correto para ele seria o governo garantir as dívidas e assumir temporariamente o controle dos bancos insolventes, para limpar seus balanços. Essa nacionalização temporária do sistema, porém, sofreu resistência intransponível nos Estados Unidos, que, por motivos culturais, só admitiu uma capitalização pública por meio de ações preferenciais sem direito a voto.

Até então o presidente Obama parecia determinado a impor restrições ao tamanho das instituições e a proibir operações de tesouraria e fundos internos de hedge, uma tentativa que ficou conhecida como *regra Volcker* e que representava uma reaproximação com o espírito da Lei Glass-Steagall (Silva, 2011a, p.331). Essa percepção se mostrou equivocada. Além do US$ 1 trilhão de recursos do Tesouro para retirada dos ativos tóxicos do sistema, o Fed começou um programa de relaxamento quantitativo (Quantitative easing – QE, na sigla em inglês) da mesma ordem de magnitude, que se somou a mais US$ 300 bilhões da FDIC para apoio aos grandes bancos e outros US$ 100 bilhões em compras de hipotecas securitizadas pelas agências Fannie Mae e Freddie Mac. Esse US$ 1 trilhão a mais também pode ser derivado da expansão da ordem de 74% da moeda em circulação em sua definição mais restrita, M1, aqui tomada como *proxy* para as políticas QE, entre a média sazonalmente ajustada do 1º semestre de 2007 e do 2º semestre de 2012.

O Internal Revenue Service, que equivale à Receita Federal do Brasil, isentou de impostos as instituições que assumissem os ativos dos bancos falidos. A soma desses programas alcançou US$ 2,4 trilhões. Em setembro de 2013, com a terceira fase do programa de expansão monetária (QE3), a soma já se tinha elevado a US$ 3,7 trilhões.

Essa montanha de dinheiro não foi usada pelas grandes holdings bancárias para recuperar o crédito, como sugeria o discurso governamental. Ela foi usada para reduzir os juros cobrados sobre as hipotecas e para aumentar os lucros dos bancos, que voltaram a operar com recursos próprios em renda fixa e a especular com moedas e *commodities*. Talvez por isso, tenha-se perdido o melhor momento para impor regulação forte ao sistema financeiro, que, em 2008, estava praticamente de joelhos. Em vez de fazê-lo, os principais componentes das propostas de reforma procuraram solucionar futuras crises e assegurar que o contribuinte não fosse chamado a fazer novos socorros financeiros.

Pode-se, porém, defender uma versão alternativa. É possível que o presidente Obama tenha sido convencido pelo secretário do Tesouro Timothy Geithner de que a crise tenha sido fruto de um "desastre perfeito", do tipo que só acontece uma vez na vida e que, por isso mesmo, não passa de *business as usual*. Essa interpretação se opõe à teoria de instabilidade sistêmica desenvolvida por Minsky nos anos 1960 e que foi tão lembrada quando ocorreu a derrocada financeira que passou a ser chamada de "momento Minsky" (Kregel, 2012, p.47).

Timothy Geithner, por palavras e atos, sempre acreditou que um sistema financeiro forte e sofisticado, composto por grandes conglomerados, era parte indissociável do projeto norte-americano de poder. Essa visão de "desastre perfeito" é consistente com recuperação da liquidez do sistema e com a consolidação das empresas grandes demais para quebrar. Por isso, o mar de liquidez criado pelo governo dos Estados Unidos afetou não apenas os interesses dos mercados emergentes, mas também propiciou um enorme aprofundamento financeiro, tornando-o mais concentrado ainda: os seis maiores bancos controlavam, em 2010, ativos equivalentes a 60% do PIB, tendo triplicado sua participação entre 1995 e 2010; e os depósitos dos cinco maiores bancos aumentaram quatro vezes, para mais de 45% do total (Kregel, 2012, p.59).

Pelo sim pelo não, o presidente Obama deu a questão financeira como bem encaminhada e passou a tratar de uma questão doméstica espinhosa, a abrangência e obrigatoriedade dos planos de saúde de sua população, para desespero de muita gente, particularmente na Europa. Mais adiante, com os bancos a caminho de recuperação, não havia mais espaço para impor regulamentação severa às grandes holdings bancárias. O que afasta Minsky dessa visão é sua percepção de criação endógena de risco sistêmico. Isso significa que o risco não é atribuível exclusivamente a uma determinada instituição, mas é resultado de como o sistema como um todo evolui no tempo e muda suas estruturas em resposta à regulamentação e à inovação (Kregel, 2012, p.53). Um exemplo concreto tem a ver com a remuneração dos agentes financeiros. No passado, os lucros bancários eram a base sobre a qual eram deduzidos os juros dos empréstimos que remuneravam as instituições financeiras e, por decorrência, seus agentes. Na atualidade, o sistema de securitizações impõe que as operações sejam fechadas o mais rápido possível e é sobre a capacidade de os agentes trocarem posições nos mercados que repousa toda a estrutura de suas compensações financeiras. Isso os leva a assumir riscos cada vez maiores, ainda que estes recaiam preferencialmente sobre os investidores, de quando em vez sobre as instituições e nunca sobre si mesmos.

A Lei Dodd-Frank de 2010 é um extenso documento que depende de um número significativo de regulamentos a serem aprovados por cinco agências governamentais. A lei abarca todos os temas relevantes, embora não seja satisfatória em muitos casos. Ela impõe exigências de capital mínimo e alavancagem, regulamentação nos derivativos, mas deixa os CDS de fora, assim como também não determina um limite máximo quanto ao porte das instituições bancárias. São insuficientes as regulações quanto às securitizações e ao funcionamento de *hedge funds*, mas ela busca enquadrar as agências de classificação de risco, que tiveram responsabilidade na deflagração da crise, estimulando o aumento em seu número e impondo-lhes uma agência de classificação de crédito, que deve analisar seu funcionamento.

Sua eficácia, portanto, repousa em vontade política e na capacidade de as agências governamentais cumprirem a nova legislação, o que ainda não se verificou passados três anos da aprovação da lei. As exigências de capital dos bancos e a falta de definições na esfera dos derivativos são exemplos de questões ainda não solucionadas (Lamucci, 2013). A proibição de constituírem fundos de hedge e de curto prazo com recursos próprios (regra Volcker) só foi aprovada no final de 2013. Além disso, Kregel (2012, p.78) ainda a vê prisioneira do mesmo modelo de negócios e das mesmas contradições da Lei Gramm-Leach--Bliley, de 1999, que sepultou a Lei Glass-Steagall e eliminou restrições à formação de instituições bancárias diversificadas.

Pode acontecer de novo? Se tivesse havido decisão de enfrentar a tendência à instabilidade financeira sistêmica, é possível que não, mas traduzir o que ocorreu como fatalidade natural, ainda que rara, é um convite à sua repetição.

6
Crise na zona do euro

O pragmatismo norte-americano deu por bom o diagnóstico de crise de liquidez em 2007 e injetou tantos recursos em sua economia quanto julgou necessário, sem cobrar praticamente nenhuma contrapartida do mercado. Essa praticidade não encontrou equivalência do outro lado do Atlântico, onde a crise entrou pelas portas do Leste Europeu, antes de passar à própria periferia do euro e engolfar os bancos ingleses, alemães e franceses. A reação inicial a esse caminhar mostrou em toda a extensão as diferenças entre Estados Unidos e Europa. A capitalização dos bancos ingleses à beira da falência, por exemplo, se fez por meio da compra de ações ordinárias com direito a voto, ou seja, com a estatização temporária de parte de seu sistema financeiro. Os Estados Unidos resistiram a esse recurso, só admitindo uma capitalização pública por meio de ações preferenciais sem direito a voto.

Tudo começou em outubro de 2009, na Grécia e, entre 2010 e 2011, se espraiou para os demais países da periferia e aprofundou a crise ao avançar sobre a Itália, terceira maior economia da zona do euro, e Espanha, quarta maior. Até a poderosa França, a segunda maior economia, pareceu estar em risco (Cohen, 2012, p.694-695).

Aos poucos foi ficando claro que havia uma queda de braços entre os governos da zona do euro e os mercados. Uma síntese de suas diferenças está no chamado *loop reverso*, o círculo executado pelos acrobatas aéreos: a crise financeira obrigou os Estados nacionais a aportarem gigantescos volumes de recursos nos sistemas bancários privados, em 2008 e 2009. De 2010 em diante, as preocupações monetárias passaram a ser substituídas por temores fiscais. Estados Unidos e Europa começaram a mostrar um aumento importante do endividamento público em relação ao PIB e a exibir déficits orçamentários crescentes. A expectativa, ainda assim, era de que o esforço público seria capaz de impedir uma recessão grave na economia mundial.

Em 2011, problemas entre os partidos políticos norte-americanos, a agudização da crise europeia e uma eventual desaceleração da economia chinesa, por conta da aceleração inflacionária e de desequilíbrios no sistema financeiro doméstico, reverteram as expectativas dos mercados. Estes passaram a acreditar num longo período futuro de baixo crescimento e os elevados déficits fiscais se converteram em crise de dívida soberana. Numa situação em que as nações da zona do euro se comprometeram a baixar seus déficits para, no máximo, 3% dos produtos nacionais, não haveria mais espaço para socorrer bancos e Estados falidos. Em síntese: a crise financeira gerou uma crise de dívida soberana, cujos Estados nacionais foram chamados, de novo, a socorrer os sistemas financeiros. O *loop reverso* será completado ou faltará potência nos motores?

Por que a crise da zona do euro aconteceu e se agravou ao longo do tempo? Os "povos do Sul" são irresponsáveis, incapazes de manter uma disciplina fiscal mínima, que chegam ao ponto de esconder estatísticas de desempenho econômico de parceiros de boa-fé, ou devemos entender a crise na zona do euro não como um fato isolado, mas como parte de uma crise maior que afeta toda a estrutura do capitalismo "financeirizado"? Na sequência, serão abordadas algumas falhas estruturais do euro, a dimensão das crises bancária e de dívida soberana e algumas saídas para a zona do euro. É possível insistir ainda em consolidação fiscal por meio de práticas recessivas ou já é mais do que tempo de apostar todas as fichas no aprofundamento da integração regional? Quem está certo: os eurocéticos, que invocam pecados de nascimento para propor o fim da experiência, ou os euroentusiastas, que veem na crise uma oportunidade de fortalecer a zona do euro?

As falhas estruturais do euro

No princípio da integração europeia, Alemanha e França replicaram os papéis que Estados Unidos e Inglaterra exerceram em Bretton Woods. Era preciso aproximar os dois países europeus e fazê-los liderar o processo de superação do histórico de guerras cruentas. Havia um componente político que predominava sobre a lógica puramente econômica.

O sentido de solidariedade e compromisso foi enfatizado pelos líderes da época, Helmut Kohl e François Mitterrand, e esse espírito prevaleceu nos anos que viram a reunificação alemã e a criação da União Europeia. Por isso, os questionamentos quanto a inconsistências econômicas teriam sido liminarmente postos de lado por Helmut Kohl, para quem "o euro não diz respeito à economia. Nem mesmo diz respeito à política. Diz respeito à paz" (Greeley, 2011).

Passada essa época de consciência das dores de recorrentes guerras, o mundo parece estar novamente dominado por ímpetos individualistas, que jogam a favor da fragmentação e não da cooperação. É como se a humanidade passasse muita informação, mas pouca consciência às novas gerações, de forma que estas teriam de sofrer suas próprias dores, num eterno recomeçar do zero. Sinais de fragilidade e fragmentação na Europa foram, portanto, identificados. Os cenários que têm sido publicados costumam se dedicar a calcular os prejuízos econômicos, mas

pouco se fala dos custos intangíveis do fracasso europeu no campo das ideias, dos valores e dos grandes sonhos e símbolos que movem a humanidade. Um verdadeiro impacto atômico sobre duas pilastras fundamentais do pensamento moderno: a crença na viabilidade contratual de um governo ou governança mundial; e a aposta na possibilidade cosmopolita, de uma federação ou confederação de repúblicas, pacíficas, harmoniosas e sem fronteiras ou egoísmos nacionais. [...] O problema grave e insanável é que a falência do "contratualismo" e do "cosmopolitismo" deixa os europeus sem mais nenhum sonho ou utopia coletiva. (Fiori, 2011, A15)

No plano da economia, já foi visto no Capítulo 3 que as discussões a respeito da criação de uma união monetária data do início dos anos 1960 e se insere no contexto das preocupações dos países europeus com a instabilidade que o dólar começava a apresentar. Esses países eram mais sensíveis às flutuações cambiais, por serem mais abertos ao comércio exterior e pelo grande peso representado pelas trocas entre países da região. A estabilidade nas regras internacionais prometida em Bretton Woods teve vida curta, em boa medida porque não interessava aos Estados Unidos aceitar algumas propostas de Keynes, que o tempo mostrou serem fundamentais para o equilíbrio global: a criação de mecanismos de ajuste dos balanços de pagamentos, que comprometesse tanto os países deficitários quanto os superavitários nas contas externas, e a definição de um emprestador de última instância, que deveria ser um banco e não um fundo monetário internacional, dentre outras.

Compatibilizar generosidade política com imposições da esfera estritamente econômica não é tarefa trivial. Era necessário criar autoridades centrais para harmonizar as políticas econômicas fiscais e monetárias. Como fazê-lo num espaço econômico tão heterogêneo quanto a Europa, onde se debatiam dois campos bem demarcados? Benjamin J. Cohen (2012, p.691) lembra que é difícil encontrar uma região mais distante do que se considera uma zona monetária ótima. Boas aproximações só podiam ser encontradas em algumas nações do Norte, como Alemanha, Áustria e Holanda, por exemplo. Um dos campos de enfrentamento defendia a ideia de que esses países, e somente eles, deveriam integrar a zona do euro numa primeira fase. A adesão dos demais ficaria na dependência de se capacitarem em requisitos de competitividade. Cohen costuma chamar essa abordagem de *coronation theory*, porque a aceitação à zona do euro deveria representar o coroamento de um processo de convergência macroeconômica aos parâmetros mais desenvolvidos. A alternativa *locomotion theory* defendia a tese de que a adesão deveria se constituir no primeiro passo. Entrariam quantos quisessem desde que ficassem atentos ao fato de que demandas rigorosas e restrições institucionais numa área monetária atuam como locomotivas, que obrigam a todos andar no mesmo passo e impõem reformas estruturais necessárias à competição efetiva.

No geral, venceu a tese da locomotiva e o euro começou com onze países, que viraram doze com a entrada da Grécia um ano depois. Com o passar do tempo, mais países se tornaram membros daquele seleto grupo (a Letônia entrou na zona do euro em janeiro de 2014). São dezoito hoje. A vitória, porém, se deu à custa de um preço sob a forma de critérios de convergência de taxas de juros e de câmbio, inflação e posições fiscais. Esses critérios foram o resultado do longo processo de construção da união econômica e monetária: no Relatório Werner de 1969, falava-se em federalismo fiscal e cooperação entre bancos centrais nacionais; no Relatório Delors de 1989, houve recuo na proposta de centralização fiscal, que foi substituída pela sugestão de imposição de tetos para indicadores macroeconômicos, e aventou-se a ideia de criação de um banco central europeu.

A criação do euro em 2002, uma moeda flutuante para tempos de crescente mobilidade de capitais, veio para o centro do palco. Ela visava eliminar custos de conversão das moedas nacionais e impedir as desvalorizações competitivas de câmbio na região. O euro, entretanto, avançou muito além das perspectivas de Werner e Delors, centradas no princípio de que a integração econômica seria o fio condutor de ulteriores desenvolvimentos institucionais. Ela emergiu de um compromisso político que levou a França a aceitar a reunificação alemã, desde que a Alemanha assumisse um compromisso profundo com a ideia da integração europeia (Aglietta, 2012, p.19).

Talvez isso tivesse sido o melhor possível, mas foi pouco. Não se atingiu a consolidação fiscal, um ponto muito caro aos "povos do Norte", e nenhuma instituição financeira se desenvolveu para dar suporte aos países mais frágeis da região, um tema de especial predileção da França e dos demais "povos do Sul". Tal como em Bretton Woods, pontos fundamentais ficaram de lado.

Com a eclosão da crise em 2007, duas falhas estruturais vieram à tona. A primeira deriva da "estratégia de Lisboa", proclamada em 2000, que se mostrou incorreta à luz da heterogeneidade dos países da zona do euro. Supunha-se que, para entrar na zona do euro, houvesse uma convergência para os níveis mais baixos dos indicadores de Maastricht: inflação, déficit e dívida pública, taxas de câmbio e taxas de juros de longo prazo. Isso ocorreu no que respeita às taxas de juros, que confluíram para níveis muito próximos das praticadas na

Alemanha, redundando em ingresso massivo de crédito barato para países que até então enfrentavam crédito caro e escasso (Aglietta, 2012, p.20-21). A estratégia previa, então, que os movimentos livres de capital melhorariam a competitividade e incentivariam o aumento das exportações, compensando o eventual aumento no endividamento.

O interessante, melhor dizer trágico, é que essa definição data de 2000, um ano em que já era evidente a grande agressividade das economias asiáticas, especialmente da China, cujas exportações se aproveitavam de taxa de câmbio desvalorizada e se mostravam muito mais competitivas que as europeias. A origem do problema deveria ser procurada nos desequilíbrios massivos globais, que se agravaram após a crise asiática dos anos 1990. Nos Estados Unidos, mais que em qualquer outro lugar, mas também na Europa, havia fortes pressões de compressão nos níveis dos salários, particularmente na Alemanha, a par de crescentes desigualdades na renda e na riqueza nacionais.

Países credores e devedores deram, porém, respostas diferentes ao desafio asiático. A credora Alemanha entrou na zona do euro com uma taxa de câmbio desfavorável, com déficit em conta corrente e economia em recessão em razão de uma crise bancária em 2002 e 2003. A resposta do governo Gerhard Schroeder, em 2003, foi uma reestruturação industrial e uma severa reforma trabalhista, que congelou as taxas de crescimento dos salários. A competitividade foi restaurada. Os países devedores, ao contrário, usaram o crédito farto e barato para catapultar o consumo e a especulação imobiliária. Na média, cresceram mais que os demais, por algum tempo, mas começaram a surgir pressões inflacionárias. A manutenção desse quadro só era possível enquanto crescessem os fluxos de capitais externos. Os resultados dessas políticas de crescimento com base em endividamento são sempre os mesmos: aumento do déficit em conta corrente do balanço de pagamentos, bolhas especulativas em mercados hipotecários e aumento da dívida privada. Ao invés da esperada convergência virtuosa, dispersão viciosa. A segunda falha é que o euro pareceu um sucesso enquanto reinou a paz nos mercados financeiros. Na crise, porém, ele se mostrou inoperável, porque é, na essência, uma moeda estrangeira para cada um dos países da região. Todos ficam como que presos a taxas fixas de câmbio independentemente de suas realidades econômicas. Aglietta (2012, p.20) o compara ao peso da *conversibilidade* argentina, entre 1991 e 2001, e ao padrão--ouro. Ele age como uma moeda externa cuja oferta global está fora do controle dos governos nacionais. Não importa que seja uma moeda fiduciária, porque suas regras de conversibilidade são tão invioláveis quanto as que ocorriam no padrão-ouro.

Em síntese, numa federação os Estados constituintes assumem compromissos de equilíbrio fiscal e quando não os cumprem, o que é usual, o poder central age como um "estabilizador automático", transferindo recursos das unidades superavitárias para as deficitárias. Para as questões monetárias, a única entidade federal numa Europa não federal é o Banco Central Europeu (BCE). Diferentemente de qualquer outro banco central, seu poder não repousa em delegação de uma soberania nacional. Por isso, apesar do enorme poder de controlar a moeda regional, o BCE não goza da integração profunda que os demais bancos centrais têm com seus governos. Enquanto os governos nacionais garantem o capital de seus bancos centrais e dão legalidade ao curso da moeda, estes são obrigados a atuar como seus emprestadores de última instância. Em síntese, o BCE não se converteu no emprestador de última instância de nenhum país da zona do euro e, por isso, não tinha como atuar direcionando recursos para quem os necessitasse. Esse é um dos pontos mais importantes no encaminhamento das soluções para superação da crise.

A crise bancária e de dívida soberana

Entre 2008 e 2010, o FMI já previa que as necessidades de capitalização dos bancos europeus seriam bem maiores que as dos bancos norte-americanos, por conta de seu forte envolvimento com os países da Europa do Leste e com sua própria periferia. Em relatórios posteriores do fundo, como os *Global Financial Stability Report* (FMI, out. 2010 e set. 2011), era reafirmado um aumento de risco na zona do euro, em função da persistência de vulnerabilidades, particularmente ligadas aos riscos soberanos e à solidez dos sistemas bancários. Essas vulnerabilidades se refletiam nos balanços de seus bancos, particularmente com relação à maturidade de seus passivos. Como resultado, mais de US$ 1,6 trilhão de dívida teria de ser refinanciado em 2011 e 2012 pelos bancos da zona do euro.

Em outubro de 2009, o governo grego recém-empossado divulgou números da administração anterior. O que mais chamou atenção foi o déficit fiscal de 13,6% do PIB, que foi, posteriormente, revisado para 15,4% do PIB. Numa situação como essa, não fazia sentido falar-se em crise de liquidez; a questão era claramente de insolvência. Em setembro de 2010 foi a vez da Irlanda, que, para salvar seu sistema bancário após o colapso do mercado hipotecário, passou do elevado déficit fiscal de 12% do PIB para 32%, um terço do PIB. Em Portugal aconteceu em abril de 2011, na Espanha em junho, no Chipre poucas semanas depois, o que não era nada se comparado com a Itália, que começou a ser atacada pelos mercados por exibir um dos mais altos níveis de endividamento público do mundo. Cohen (2012, p.695) põe números nos pacotes iniciais de resgate dos países: € 100 bilhões para a Grécia, € 85 bilhões para a Irlanda e € 80 bilhões para Portugal. Ao todo, € 265 bilhões para a periferia. Ainda em 2011, porém, mais € 100 bilhões foram emprestados à Espanha.

Enfrentar os problemas de Grécia, Irlanda e Portugal era incômodo, mas não parecia ser muito grave: a soma de seus produtos (PIB), na média de 2003 a 2010, não ultrapassava 7% do total da zona do euro. Se a essa soma fossem adicionados os PIB de Espanha e Itália, o quadro mudava: na média dos mesmos anos, eles alcançavam 37%. O jogo ficou duro.

Novas interpretações e números começaram a melhorar a percepção do problema. Hans-Werner Sinn (2011, p.1-3), um economista alemão, apresentou argumentos que se assemelham aos de Aglietta no que respeita ao diagnóstico da situação. Eles refletem bem as posições dominantes na Alemanha, que não aceitava que a causa real da crise repousasse em falta de credibilidade e que os países periféricos necessitassem de estímulo fiscal para superar seus problemas. Somente nesses casos, programas de socorro seriam necessários para criar uma parede à prova de fogo (*firewall*) ao redor dos governos solventes da Europa.

Sinn entende, ao contrário, que o cerne da crise na zona do euro estaria em desequilíbrios de balanço de pagamentos, cujas soluções exigiriam ajustamento real de preços e salários nos países periféricos. Esses desequilíbrios teriam surgido por meio de fluxos de crédito públicos e privados baratos, que alimentaram uma bolha inflacionária que aumentou os preços dos imóveis, bônus governamentais, bens e salários até 2007. O resultado foi o aparecimento de grandes déficits em conta corrente e níveis de dívida externa que os investidores privados não têm sido capazes de financiar ou refinanciar desde 2008. O problema, portanto, teria a ver com perda de competitividade dessas economias e a solução deveria passar por redução de preços e salários, para diminuir o déficit externo e atrair novos capitais internacionais. Uma solução recessiva, como se vê. Semelhantes no diagnóstico, Sinn e Aglietta diferem radicalmente quanto às soluções do problema.

Entre maio de 2010 e junho de 2011, o volume dos mecanismos de socorro à periferia teria alcançado € 816 bilhões, dos quais € 332 bilhões (41%) do Fundo Europeu de Estabilização

Financeira (European Financial Stability Facility – EFSF, na sigla em inglês), criado em 2010 em caráter temporário, do FMI e da União Europeia, e € 484 bilhões (59%) de recursos do BCE. Em junho de 2011, Grécia, Irlanda, Portugal e Espanha acumulavam essa dívida no interbancário, contra um crédito do Banco Central Alemão (Bundesbank) de € 337 bilhões (Sinn, 2011, p.3-4). A dívida interbancária requer uma explicação. A crise tornou os mercados avessos ao risco e secaram os fluxos privados de capital para a periferia. O Target2 (Trans-European Automated Real-time Gross Settlement Express Transfer) é o sistema de compensações em euro, isto é, de pagamentos interbancários para processamento em tempo real de transferências entre países da União Europeia. Ao contrário do sistema de compensações do Fed, que é liquidado anualmente, ele acumula os desequilíbrios entre os bancos da zona do euro (Soros, 2012, p.2). Em condições normais, isso não se constitui em um problema, porque os bancos liquidam os desequilíbrios entre eles por meio do mercado interbancário.

O que tem ocorrido após 2007 é que o interbancário começou a funcionar mal e, desde 2011, tem havido fuga de capitais das economias mais frágeis. Quando, por exemplo, um correntista grego ou espanhol faz uma transferência de sua conta num banco grego ou espanhol para um holandês, o Banco Central da Holanda (De Nederlandsche Bank – DNB, na sigla em inglês) fica com um crédito no Target2. Como as relações de negócios são estabelecidas com os bancos centrais nacionais, esse sistema compensa seu débito com o DNB com um direito, um ativo, contra o banco central grego ou espanhol. Esses ativos, porém, cresceram a ponto de alcançar € 727 bilhões contra os bancos centrais dos países periféricos, em meados de 2012, e ao final do ano já superavam € 800 bilhões, sendo superior a € 500 bilhões a posição líquida credora do Bundesbank.

Dizendo o mesmo com foco nas contas externas, cada banco central nacional tem uma posição líquida de balanço de pagamentos com o BCE. Essa posição líquida pode gerar um passivo (um déficit no balanço de pagamentos) ou um ativo (um superávit no balanço de pagamentos) contra o BCE. Como as obrigações de liquidar as obrigações do Target2 continuam a crescer, pode-se dizer que esses desequilíbrios constituem uma transferência oculta de recursos do Bundesbank e de outros bancos centrais credores para bancos centrais de países devedores. E o próprio sistema não só sustenta, mas magnifica esses desequilíbrios (Belfrage, 2012, p.68-71).

Enfim, apesar da estridência de Sinn ao alertar o público alemão dos potenciais perigos que o sistema enfrenta, George Soros afirma que o Bundesbank está determinado a limitar as perdas que teria de sustentar em caso de quebra. O ruim em decisões como essa é que quando um banco central começa a se proteger contra uma quebra todo mundo faz o mesmo e isso contribui para o agravamento da crise.

À medida que o quadro se deteriorava, os governos começaram a se mobilizar. Por alguns momentos, após o dia 21 de julho de 2011, pareceu que tinha havido avanços na questão da periferia da zona do euro, particularmente na Grécia. Na reunião dos líderes europeus na Cúpula de Bruxelas daquela data, foi aprovado outro pacote multilateral de socorro financeiro para a Grécia da ordem de 159 bilhões de euros, que envolveu empréstimos da União Europeia e do FMI, promessas de privatizações e de renegociação de dívida com os bancos privados. A cúpula também prorrogou o vencimento dos empréstimos da Grécia, Irlanda e Portugal e reduziu as taxas de juros sobre o serviço de suas dívidas.

Mais importante, os chefes de Estado da região reconheceram que o problema grego era de insolvência, não de liquidez, e garantiram que mesmo que a classificação dos títulos do governo grego passasse a ser de inadimplência seletiva, os bancos do país não perderiam seu acesso à liquidez. Alemães e franceses se imaginaram cada um o principal responsável pelo que parecia ser uma vitória contra os mercados. Os franceses, porque o EFSF deixou de ser um instrumento transitório e se transformou num mecanismo permanente de socorro aos países-membros, passando a ter acesso a recursos expressivos e ampliando seu poder de intervenção nos mercados de títulos. Com isso, ele poderia usar esses recursos para proteger os sistemas bancários em risco de colapso e comprar os títulos dos países problemáticos. Os alemães, porque impuseram maior centralização fiscal e aprovaram a participação de investidores privados nos custos do resgate (Silva, 2012a, p.5-6).

O otimismo durou pouco. Em agosto de 2011, começaram a vazar novas análises do FMI acerca da situação dos bancos europeus, o que provocou acalorado debate entre a instituição e autoridades nacionais da zona do euro e do BCE. Em setembro, quando os bancos já paravam de conceder créditos entre si, saiu a publicação semestral *Global Financial Stability Report*, no qual o fundo usou as cotações dos *swaps* de risco de crédito (Credit Default Swaps – CDS) para estimar a perda de valor de mercado dos títulos dos governos da Grécia, Irlanda, Portugal, Espanha, Itália e Bélgica (FMI, set. 2011, p.IX). No seu entendimento, a marcação a mercado dos títulos soberanos dos governos da região teria rebatimentos importantes no capital dos bancos europeus, que detêm volumes significativos desses bônus. Como consequência, o capital desses bancos se reduziria em cerca de € 200 bilhões (US$ 287 bilhões), equivalentes a algo entre 10% e 12% do capital total. Se a esse montante fossem somadas as exposições no crédito interbancário, o aumento de capital teria de chegar a € 300 bilhões (US$ 430 bilhões). Em entrevista à revista *Der Spiegel* (6 set. 11), Christine Lagarde, diretora-gerente do FMI, sugeriu recapitalização bancária, consolidação fiscal e medidas intensivas de crescimento, ainda que sem explicitar a forma de compatibilizar tais metas.

Autoridades europeias, governos e BCE prontamente contestaram a abordagem do FMI, particularmente por conta do uso das cotações dos CDS para estimar perdas de títulos soberanos. É possível, de fato, que a marcação a mercado magnifique as perdas bancárias, por serem feitas em cima de estimativas de *hedge funds*. Apesar de eventuais restrições metodológicas, o *Global Financial Stability Report* do FMI tem sido a principal publicação a medir os riscos sistêmicos decorrentes da crise financeira desde 2007, a estimar os potenciais cancelamentos de créditos "podres" e, consequentemente, calcular o esforço necessário de capitalização do sistema financeiro para diminuir o endividamento dos bancos. Outros organismos, como o Instituto Internacional de Finanças (Institute of International Finance – IIF), também mencionaram que os bancos europeus mantinham € 3 trilhões de títulos de dívida de governos durante a crise de dívida soberana, que representavam cerca de 8% de seus ativos globais. Para efeito de comparação, os bancos norte-americanos tinham apenas US$ 428 bilhões (3% dos ativos totais) de exposição: 1% em títulos do Tesouro norte-americano e 2% em títulos de dívida estrangeira, onde apenas parte em papéis de dívida soberana (Moreira, 2011).

Não adiantaram nada, portanto, as inflamadas contestações das autoridades europeias. A partir de setembro de 2011, os temores dos organismos e dos mercados se concretizaram com o agravamento da crise de dívida soberana, que aumentou exponencialmente a volatilidade nos preços das ações do setor bancário. Grandes bancos franceses, por exemplo, exibiam elevada exposição de crédito às dívidas soberanas da Itália, Espanha, Grécia, Portugal e Irlanda. Agências de classificação de risco corriam atrás do prejuízo por terem sido lenientes antes da crise e rebaixaram as notas de inúmeros bancos. Recapitalizações tiveram de ser feitas a toque de caixa.

Em novembro de 2011, a Autoridade Bancária Europeia (2011, p.1-3), o órgão de supervisão bancária europeia, fez os bancos se comprometerem a reduzir seus ativos em mais de

€ 775 bilhões, cerca de US$ 1 trilhão, em dois anos. Além disso, eles deveriam criar um colchão temporário de capital contra exposições a dívidas soberanas e precisavam aumentar seu capital em cerca de € 100 bilhões para alcançar uma relação de capital próprio de maior qualidade de 9% até junho de 2012.

Nesse mesmo mês, a cúpula do G-20 em Cannes aprovou uma lista de 29 bancos grandes demais para quebrar, que precisavam de reforço de capital para absorver perdas: dez na zona do euro, oito nos Estados Unidos, quatro no Reino Unido, três no Japão, dois na Suíça, um na Suécia e um na China. A lista foi elaborada pelo Financial Stability Board, um órgão que monitora e faz recomendações acerca do sistema financeiro global desde 2009 (G-20, 2011).

Em suma, o segundo semestre de 2011 se encarregou de colocar lenha numa fogueira que se pretendia extinguir. Em 13 de outubro, cerca de dois meses e meio após a Cúpula de Bruxelas, a Eslováquia se tornou o último país a aprovar seu quinhão no montante de € 440 bilhões de recursos para o EFSF, tornando unânime a decisão entre os países-membros. Apesar de menos de três meses haverem passado entre a cúpula e a aprovação dos parlamentos nacionais, o pacote ficou pequeno porque, desde agosto, o mercado começou a exigir a escalada daquele montante para inimagináveis € 2 trilhões ou € 3 trilhões. De onde saíram esses números? Só se pode especular. À época, o estoque de títulos soberanos da Itália (€ 1,5 trilhão) e da Espanha (€ 570 bilhões) somavam cerca de € 2 trilhões. As estimativas dos mercados de que o EFSF deveria ter pelo menos esse montante podem ter levado em conta o fato de os investidores estarem se retraindo de todos os títulos das dívidas soberanas e não apenas dos papéis de curto prazo.

Mais uma vez, ficou claro que o tempo da política é muito mais lento que o dos mercados. E, nunca é demais lembrar, o tempo é uma variável fugidia, que muito se estreitou na contemporaneidade.

As saídas para a zona do euro

O desenvolvimento da crise tornou claros dois caminhos distintos e, até certo ponto, incompatíveis para enfrentar a crise bancária e de dívida soberana: consolidação fiscal e uma complexa mistura de políticas monetárias, financeiras e cambiais.

O primeiro caminho, consolidação fiscal, envolve uma dupla abordagem: de um lado, há um evidente problema nas contas públicas de países da região, que foi enfrentado com medidas estruturais de caráter recessivo; de outro, houve uma determinação de complementar o ajuste com a criação de fundos emergenciais, que se utilizam de recursos orçamentários dos países-membros e de captações externas.

No primeiro caso, o ponto central da solução da crise deveria ser colocado na manutenção de gastos que sustentassem o nível da atividade econômica, como ocorreu em 2009 na reunião do G-20 em Londres. Um abrandamento das políticas de austeridade não foi possível por conta da visão dominante nas economias mais fortes da zona do euro. A crise da dívida soberana levou-as a contraírem seus gastos e a se comprometerem com as metas definidas pelo Tratado de Maastricht para déficit e dívida pública. Isso somado ao foco unidirecional do BCE no controle inflacionário e fatos estruturais, como o envelhecimento da população, que sobrecarrega os sistemas de pensão, e rigidezes no mercado de trabalho, acabaram por impor um viés anticrescimento na região (Cohen, 2013, p.89).

A necessidade de enfrentar a falta de competitividade de Portugal, Irlanda, Itália, Grécia e Espanha também precisaria ser levada em conta. Historicamente, o consumo desses países superou sua renda e eles acumularam déficits em conta corrente crescentes dentro da região. Alemanha, Holanda, Áustria e França, por outro lado, acumularam superávits externos crescentes dentro da região. A saída para esse impasse deveria passar por uma "reflação simétrica", nas palavras de Nouriel

Roubini (2011), isto é, por uma inversão das tendências históricas, por meio de compras crescentes de produtos dos países deficitários pelos países superavitários. Uma considerável desvalorização cambial também auxiliaria para transformar os déficits em conta corrente em superávits. Não houve avanço nesse sentido, também.

Na prática, o caminho escolhido de reformas estruturais e imposição de metas para indicadores macroeconômicos encontrou uma síntese perfeita na crise grega. Após três anos de programas desenvolvidos pela troika (Comissão Europeia, BCE e FMI), o desastre não poderia ser maior. No período de 2009 a 2011, houve queda de 13% no PIB, colapso de 57% nos investimentos e de 44% na taxa de desemprego. A dívida bruta do governo geral não parou de crescer como proporção do PIB: 134% em 2009, 153% em 2010, 175% em 2011 e está estimada em 181% em 2012 (OECD Statistics). Para 2012, os déficits públicos (4,6% do PIB) e em conta corrente (9,8% do PIB) também se mostram insustentáveis. Por isso, há muito ceticismo acerca do novo acordo acertado entre a Grécia e a troika ao final de 2012, que envolveu aporte de recursos para financiamento dos déficits orçamentários e para recapitalização bancária, condicionado, porém, a uma reforma tributária e à adoção de uma série de medidas de austeridade.

Fazem, portanto, todo sentido as críticas pessoais expressas por Paulo Nogueira Batista Jr. (2013a), diretor brasileiro no FMI:

> O PIB [grego] experimentou uma contração de cerca de 20% desde o começo da crise e o investimento sofreu verdadeiro colapso. Os salários médios foram reduzidos entre 30% e 40% nos setores público e privado. A taxa de desemprego alcançou quase 27% no final do ano passado [2012]; o desemprego entre os jovens (até 25 anos) chegou a quase 60%! Apesar do drástico ajustamento fiscal, a dívida pública deve aproximar-se de 180% do PIB em 2013, segundo projeção do FMI.

Para ele, esse tipo de ajustamento fiscal "tende a se autoderrotar" e traz consigo grandes riscos políticos. Apesar de ainda haver maioria parlamentar a favor dos programas da troika, esse apoio está se reduzindo. O comentário termina considerando que não seria surpreendente se, nas eleições de 2014, a oposição ganhasse, promovesse a saída da Grécia do euro e reintroduzisse uma moeda nacional.

E não é somente a Grécia que não consegue cumprir seus compromissos de austeridade fiscal. O *Fiscal Monitor* (FMI, out. 2012, p.1-4) mostrou resultados fiscais de outros governos da zona do euro que não foram capazes de reduzir os déficits orçamentários em 2012. Dentre eles, encontram-se a França, Portugal e Espanha. A revisão do *World Economic Outlook* (FMI, jan. 2013, p.1-3) aponta para riscos de estagnação na região, o que implicará maiores dificuldades em cumprir os compromissos acertados com as autoridades europeias.

No segundo caso da abordagem de consolidação fiscal, foram desenvolvidos instrumentos de socorro a países em crise, com recursos fiscais retirados dos gastos correntes e de capital dos países-membros da zona do euro, além de captações por meio de emissões de bônus e outros instrumentos nos mercados de capitais. O primeiro fundo a ser criado foi o EFSF, em junho de 2010, no montante de € 440 bilhões, quando a política da troika ainda insistia em saídas da crise por meio de práticas amigáveis ao mercado. Por essa época, os pacotes de resgate ainda eram relativamente caros e impunham condicionalidades de grande austeridade (Blankenburg et al., 2013, p.469). Até outubro de 2012, ele já havia emprestado € 192 bilhões à Irlanda, Portugal e Grécia. Outro fundo, o Mecanismo Europeu de Estabilidade (European Stabilization Mechanism – ESM, na sigla em inglês), deveria entrar em funcionamento em julho de 2013, com disponibilidade de € 700 bilhões e capacidade de empréstimos de € 500 bilhões. A emergência dos problemas regionais antecipou sua vigência para dezembro de 2012 e se somou aos saldos do EFSF.

Eles são componentes da solução fiscal porque incluem transferência de recursos dos orçamentos nacionais para fundos supranacionais. Nesse sentido, eles socializam o esforço de ajuste fiscal dos países da região, indo além de meros cortes de gastos em cada país. Por outro lado, eles não têm capacidade para conter as forças do contágio por seu caráter redistributivo do gasto regional. Mesmo que seus recursos sejam dobrados ou triplicados, os mercados não ficarão satisfeitos porque o gasto total não se alterará. "Só um banco central que pode criar montantes ilimitados de dinheiro pode fornecer tal garantia" (De Grauwe, 2011, p.5).

De todo modo, o ESM pode emprestar diretamente aos governos, que podem utilizar os recursos para capitalizar seus bancos, atuar nos mercados de bônus e oferecer linhas de crédito. Ou seja, autoridades que até então resistiam a esses tipos de operações deram aos fundos o poder de intervir nos mercados de títulos para estabilizar o euro. Uma consequência direta foi derrubar as taxas de juros que estavam sendo cobradas pelo mercado de Espanha e Itália. Outra consequência foi atuar quando a situação do Chipre se agravou em 2012. Um pacote de € 10 bilhões foi aprovado pelo ESM em maio de 2013, com os dois primeiros desembolsos somando € 3 bilhões entre maio e junho.

O caminho alternativo à "solução fiscal" leva em conta que, se a zona do euro fosse constituída como uma união plena, a situação de seus números estaria bem próxima às demais economias avançadas. Em outras palavras, Estados Unidos, Japão e Reino Unido não estão enfrentando o mesmo tipo de ataque especulativo, por serem Estados federados, que tomam crédito em suas próprias moedas. O que se precisa fazer, portanto, é aprofundar a união usando todos os instrumentos possíveis.

Três passos se destacam. O primeiro é de natureza monetária, porque o BCE apresentava limites estatutários a sua função de emprestador de última instância. Sua falta de autorização para atuar como emprestador de última instância nos mercados de bônus governamentais é que estaria na raiz da criação do EFSF/ESM. Desde maio de 2011, o BCE já estava fazendo compras massivas de bônus governamentais nos mercados secundários e emprestando indiretamente a governos, por meio de empréstimos a bancos comerciais que estavam envolvidos em empréstimos a esses governos. Em dezembro do mesmo ano, ele adotou as *long-term refinancing operations* (LTRO) e passou a oferecer aos eurobancos empréstimos com juros ao redor de 1% ao ano, por três anos, na esperança que isso trouxesse alívio aos governos da periferia, cujos bônus estavam pagando juros superiores a 6% ao ano (Blankenburg et al., 2013, p.470). Como resultado, em dezembro de 2011 e fevereiro de 2012, o BCE fez empréstimos de quase € 1 trilhão a bancos que estavam sofrendo com falta de liquidez, de modo a que eles retomassem suas atividades de crédito ao setor privado. Foi um bom passo, mas apenas temporário e de curto prazo (Cohen, 2012, p.695).

Preparando o próximo movimento, em agosto de 2012, o presidente do BCE, Mario Draghi, afirmou que "faria tudo que fosse necessário para preservar o euro como uma moeda estável". Fiel à tradição ortodoxa, o presidente do Bundesbank, Jens Weidmann, lembrou as limitações estatutárias do BCE, mas ficou isolado no conselho do BCE, porque a chanceler Angela Merkel se alinhou à posição de Draghi (Soros, 2012, p.1). Consequentemente, em setembro foi tomada a decisão mais importante: autorização para o BCE operar com transações monetárias diretas (*outright monetary transactions*), isto é, retomar o programa de compra de bônus de curto prazo de países da zona do euro nos mercados secundários.

Isso permitiu que ele assumisse o papel de banqueiro dos governos, algo até então contrário a seu estatuto. Como todos os bancos centrais, ele só podia negociar com bancos. Para estabilizar os mercados de títulos e evitar a fuga de capitais, o BCE passou a operar sem limites quantitativos e de tempo na compra de títulos soberanos e abriu mão de seu *status* de credor preferencial. Com isso, uma segunda porta se abriu para os governos em crise: eles mantiveram acesso aos programas do EFSF, com fortes condicionalidades, e passaram a contar com uma linha de crédito preventiva para enfrentar choques temporários de curto prazo (Blankenburg et al., 2013, p.470). Ou seja, os fundos fiscais são importantes, mas nada pode substituir a atuação de um banco central para dar proteção aos depósitos bancários, evitar o colapso de alguns bancos inadimplentes, recapitalizar todo o sistema bancário e colocá-lo debaixo de sua supervisão (Soros, 2011).

O segundo passo envolve enfrentar a crise no sistema financeiro europeu, que precisa acelerar o processo de desalavancagem. Para isso, há necessidade de federalismo bancário, que implica cortar os fortes laços entre os sistemas bancários nacionais e os Estados-membros da União Europeia (Veron, 2011b, p.1-2). Esses laços estão no centro da dinâmica de contágio e impedem a emergência de um mercado financeiro europeu realmente unificado. Eles precisam ser cortados e substituídos por uma estrutura supranacional com credibilidade para conduzir a política bancária. Além disso, na busca de uma união bancária, ficou decidido pelos ministros das Finanças da União Europeia, ao final de 2012, submeter diretamente ao BCE a supervisão dos grandes bancos da região, a partir de meados de 2014. Eles são cerca de duzentos bancos cujos ativos superam € 30 bilhões cada. Os demais continuarão submetidos aos bancos centrais nacionais, mas o BCE pode chamar a si qualquer caso que lhe pareça importante. As exceções ficaram com os bancos da Inglaterra, República Tcheca e Suécia, que optaram por permanecer fora do novo mecanismo.

Não foram poucos, porém, os problemas em 2013. Logo após o resgate de Chipre, em abril, a Eslovênia, um pequeno país de 2 milhões de habitantes, começou a enfrentar desequilíbrios em seu sistema bancário, se apresentando como a próxima peça do dominó. As últimas previsões do FMI para esse ano sugerem queda (0,3%) no produto da zona do euro, da qual só escaparia a Alemanha, com uma perspectiva de crescimento medíocre (0,6%). Apesar de a Comissão Europeia ter suavizado um pouco as exigências orçamentárias, em função do lamentável quadro econômico, uma das vítimas possíveis da estagnação política pode ser exatamente a União Bancária, que depende, para se tornar efetiva, de uma reestruturação e de mecanismos para salvamento dos bancos em dificuldades.

O projeto dessa união é parte de um plano de aprofundamento econômico e monetário, no bojo da aprovação do ESM com capacidade de empréstimos de € 500 bilhões. O plano incluiu a aceitação de dois acordos conhecidos como *six pack* e *fiscal compact*. Em essência, esses programas preveem monitoramento multilateral das finanças públicas dos países-membros, que assegurem convergência da dívida pública para um máximo de 60% do PIB, o que já era previsto em Maastricht, mas também incluem um conjunto de sanções e multas na área de finanças públicas. Esses acordos, em última análise, baseiam-se na ideia de recuperação da competitividade por meio da queda dos salários, da desmontagem de benefícios sociais, da privatização e ignoram o desemprego crescente e a evasão fiscal. Esse tipo de receituário foi expresso pelo já mencionado economista Sinn como o caminho possível para reduzir o déficit externo da periferia e atrair novos capitais internacionais.

Por conta desses acordos, o ministro das Finanças alemão, apoiado pela Holanda, Finlândia e Áustria, se sentiu autorizado a propor a instalação de um comissário para a Grécia, com poder de bloquear gastos governamentais. A ideia foi enfaticamente rejeitada, porque significaria converter a Grécia numa espécie de protetorado e porque liquidaria o resto de democracia na administração da crise (Wall, 2012). Em contrapartida, esse ministro declarou que o aporte de novos recursos no sentido de transformar a região numa coalizão de transferências (*transfer union*), nos moldes dos Estados Unidos, fica na dependência de mudança nos tratados, uma forma elegante de antecipar sua recusa ao tema. Esses desencontros levantaram suspeitas de que o cronograma de introdução da União Bancária em 2014 não seria cumprido, até mesmo com o reforço do argumento de que a região estava paralisada em seu processo decisório, por conta das eleições alemãs de setembro de 2013 (Wall, 2013, p.3).

O terceiro passo para a criação de um Tesouro europeu com capacidade de tributar e emitir títulos de dívida parece ser mais difícil ainda. A "federalização" das dívidas é um passo importante para controlar o grau de endividamento dos países-membros. Na sua versão mais radical, a criação de um eurobônus proposto em novembro de 2011 pela Comissão Europeia levaria à substituição dos atuais títulos soberanos nacionais por títulos públicos unificados para toda a zona do euro. O assunto encontrou apoio de países – França, Itália e Espanha – e de líderes regionais. A Alemanha descartou a questão, liminarmente, porque entende que ele não resolve a crise de dívida soberana na Europa. Na visão de algumas de suas autoridades, os eurobônus só podem se tornar viáveis num estágio posterior de desenvolvimento do projeto europeu, com a transferência de soberania nacional para um nível supranacional.

Situação atual

À medida que o tempo passa, ações de caráter fiscal e monetário têm vencido resistências. De 2012 para cá, houve avanços com a constituição dos fundos de socorro, com a abrangência da intervenção do BCE e com a ideia de federalização bancária. Como, porém, a tendência dos países mais ricos parece ser a de só aportar recursos no limite mínimo necessário para manter a zona do euro navegando, permanecem obstáculos importantes a superar. É mantida uma obsessiva perseguição de metas de ajuste fiscal, há desequilíbrio nas contas externas da periferia do euro e não se aceita a criação do eurobônus.

Neste último ponto, a experiência brasileira é ilustrativa. Nos anos 1990, o elevado estoque das dívidas estaduais e municipais e os altos juros reais nelas incidentes levaram a uma negociação com o Tesouro nacional e à subsequente troca desses títulos por outros de emissão federal. Na largada, houve suavização no serviço das dívidas, ao tempo em que o governo central passou a controlar a capacidade de endividamento das unidades federadas.

Soros (2012, p.1-6), que se confessa um apoiador fervoroso da União Europeia, percebe que ela está se transformando em algo muito diferente da associação voluntária original de Estados iguais que abriram mão de parte de soberania em favor de um bem comum. Os países-membros agora estariam divididos em duas classes: vencedores e perdedores, credores e devedores. Fazendo um interessante paralelo histórico, o autor sustenta que a Alemanha desempenha hoje na zona do euro o mesmo papel que o FMI jogou na crise da dívida de 1982. O ônus do ajuste da crise dos anos 1980 ficou todo com os países em desenvolvimento, ao passo que a periferia europeia arca com todo o ajuste de agora. Keynes, como sempre, foi ignorado em sua visão de que ajustes cabem a todos e não só aos países deficitários.

Tudo indica que, no futuro, o sistema da zona do euro será hierarquizado e construído em torno de obrigações de dívida, em vez de associação de iguais. Por isso, o texto de Soros gira em torno de uma provocação a que se deve dar atenção: hoje, a Alemanha não alimenta ambições imperiais, mas, se quiser avançar, tem de assumir o papel de *hegemon benevolente*. Não lhe resta alternativa senão liderar ou se retirar (*Germany must lead or leave*). A colocação cabe porque inverte os termos da equação:

se alguém deve sair é o credor insatisfeito e nunca o devedor prostrado. É cedo para saber o que o futuro trará à zona do euro. Eurocéticos sempre se manifestam em momentos de agravamento de tensões para reafirmar a inviabilidade de um projeto de integração que se teria mostrado utópico. Não se pode deixar de lhes dar crédito quando alegam que transferir competências para níveis supranacionais não significa exatamente "mais Europa" e sim "mais Alemanha". O resultado disso não seria encontrar uma saída para a administração da crise, mas trombar com um beco sem saída. Euroentusiastas, por sua vez, sempre creem que as crises são manifestações de crescimento e que a zona do euro sairá mais forte dessa traumática experiência. Talvez nenhum dos dois lados esteja certo. A crítica de céticos e entusiastas pode estar muito presa aos parâmetros de solidariedade e generosidade que conformaram a União Europeia (Cohen, 2012, p.699). Esse tempo já passou. A lembrança das guerras ficou como um mero registro nos livros de história, à medida que sobram poucos sobreviventes daquela época. Se superar a crise, a Europa que sairá dela será outra: menos generosa, mais ressentida, mais dividida, mas, ainda assim, flutuará. É possível almejar mais nos tempos que correm?

7
Impactos da crise global no Brasil

Antecedentes

Em 2007, o PIB brasileiro cresceu 6%. Até setembro de 2008, ele crescia a uma taxa anualizada superior a 6%. Além de o investimento, a produção industrial e as exportações mostrarem pujança, o fortalecimento do salário mínimo e os programas de distribuição de renda se refletiam na queda do desemprego e no aumento da massa real de rendimentos do trabalhador brasileiro. Apesar do aumento da importância do setor externo, o que mais contava para esse crescimento era o desempenho do mercado interno (Silva, 2011a, p.335-340).

O impacto da crise, a partir do último trimestre do ano, inverteu esse quadro: o crescimento caiu para cerca de 5% em dezembro e forte inquietação afetou indicadores relevantes: o investimento mostrou tendência de queda, a produção industrial registrou decréscimo, bem como emprego e renda estagnação.

A inflação, por sua vez, caiu abaixo da meta inflacionária, em linha com o que ocorria no mundo inteiro. Inflação baixa e tendência recessiva são fatores que abrem amplos espaços para a política monetária reduzir os juros, que estavam entre os maiores do mundo em termos reais. O Banco Central começou a fazê-lo, mas, em pouco tempo, passou a mandar sinais ao mercado de que iria reduzir o ritmo de queda dos juros em suas próximas reuniões, o que apenas reafirmava seu tradicional viés excessivamente conservador e anticrescimento. Mais uma grande oportunidade de trazer os juros para níveis civilizados foi perdida!

A arrecadação de tributos despencou e os gastos do governo federal aumentaram, no início de 2009. Em fevereiro, o governo federal teve seu primeiro déficit primário em muitos anos. Apesar disso, a elevação das despesas governamentais trazia algum alento para o nível da atividade econômica, abrindo possibilidade para menores perdas de arrecadação e inadimplência. As previsões apontavam para leve alta no endividamento público, mas isso estava acontecendo no mundo todo e não era motivo para preocupação porque não havia descontrole no gasto público.

Observando o cenário externo, desde junho de 2007 a crise já havia levado ao colapso financeiro uma série de instituições, países do Leste Europeu e da zona do euro. Ela também já se espraiara para o lado real da economia mundial, afetando grandes empresas do setor produtivo e promovendo uma forte queda no comércio mundial. Dados da Conferência das Nações Unidas para Comércio e Desenvolvimento (Unctad, 2010) mostravam o aumento das exportações mundiais, desde 1980: 71%, nos anos 1980; 85%, nos anos 1990; 63%, entre 2000 e 2005; e, depois, 15% ao ano até 2008. Em 2009, por conta do agravamento da crise, a queda nas exportações foi da ordem de 23%. Os números assustaram: de uma redução total nas exportações de US$ 3,7 trilhões, US$ 2 trilhões afetaram os países desenvolvidos e US$ 1,4 trilhão os países em desenvolvimento (Silva, 2011a, p.326).

Enquanto as exportações chinesas davam um enorme salto ao passar de cerca de 1% do total mundial, em 1980, para 10%, em 2009, as brasileiras patinavam historicamente ao redor de 1% do total das exportações mundiais, como resultado de uma política de sobrevalorização do real que, salvo em períodos de crise, recuava ao tempo da introdução do Plano Real. Logo, as contas externas brasileiras, que já mostravam deterioração desde o início de 2008, registraram em 2009 um decréscimo de US$ 90 bilhões na corrente de comércio, a soma das exportações e importações.

As tendências do resultado do balanço de pagamentos não eram consensuais entre vários analistas: para alguns, era possível que os investimentos diretos estrangeiros viessem a superar o déficit em conta corrente, mas o contrário também poderia ocorrer com perdas correspondentes e potencialmente importantes para as reservas internacionais. À medida que o ano avançava, porém, começou a melhorar a conta corrente, relativamente às estimativas do final do ano, em função de aumento nos preços das *commodities* exportadas e de menores gastos com itens da conta de serviços, como lucros e dividendos, fretes, seguros, viagens e outros. Os investimentos diretos estrangeiros líquidos, por sua vez, deram grande salto positivo, iniciando uma sequência de expressivas transferências de recursos para países emergentes que não mostrava arrefecimento ao final de 2012.

O financiamento externo e o crédito interno a partir de 2008

A pergunta consequente é: por que a reação à crise financeira global se mostrou tão forte? Mesmo abstraindo algumas teses pouco consistentes acerca de eventual descolamento da economia brasileira do resto do mundo, por que os agentes econômicos entraram em pânico no último trimestre de 2008?

A resposta é que a crise entrou no Brasil pela porta do crédito, com uma ajuda da política monetária, que ainda aumentava as taxas de juros poucos dias antes da quebra do Lehman Brothers. Apesar do aumento do grau de internacionalização do sistema financeiro nacional, que já adotara uma estrutura de bancos universais desde a edição da Resolução n. 1.524/1988 do Conselho Monetário Nacional, foi mantido razoável controle do Banco Central e da Comissão de Valores Mobiliários, que impediram a aplicação de recursos internos no exterior, por fundos de investimento e de pensão. Com isso, o sistema financeiro nacional não sofreu a crise das hipotecas *subprime*. Seus problemas tiveram a ver, majoritariamente, com o fechamento de linhas de crédito ao comércio exterior, que eram então responsáveis por cerca de 20% do crédito total e, em ponto menor, pelo fato de que grandes empresas brasileiras estavam com posições vendidas em dólar em contratos de derivativos e tiveram prejuízos enormes com a desvalorização cambial. Como elas eram devedoras de bancos estrangeiros e nacionais, esses prejuízos poderiam afetar a posição dos bancos. Daí a intervenção do Banco Central se fazer necessária e urgente (Malbergier; Aith, 2009).

Em 2008, o saldo das operações de crédito se expandira em 31% e, em 2009, foi rápida a definição de novas políticas que permitiram enfrentar as tendências recessivas que se manifestavam. Dentre elas estavam a disponibilização de recursos para financiamento das exportações e para cobertura de compromissos externos das empresas; a expansão do crédito do Banco do Brasil e da Caixa Econômica Federal, com redução de juros; a liberação de depósitos compulsórios pelo Banco Central para ampliar a liquidez do sistema bancário; e o aporte de expressivos recursos para o Banco Nacional de Desenvolvimento Econômico e Social (BNDES) com a finalidade de financiar investimentos com juros reduzidos. Não houve tempo para alavancar o PIB do ano, que não foi além de 0,3%, mas foram lançadas as bases para a forte recuperação de 2010, quando o PIB avançou quase 8%.

A partir desse reforço nos fundos disponíveis do sistema financeiro nacional, houve forte aumento do crédito no Brasil. Dados do Banco Central (2013) mostram que, historicamente, o crédito sempre foi escasso, caro e de prazos curtos. Em 2005, quando o crédito não ia além de 31% do PIB, ele estava aquém dos níveis apresentados pela Índia e China, para não falar do Chile, em nossa região, e de países avançados, onde ele ultrapassava os 100%. Nos anos pós-crise, começou uma fase de crescimento consistente do crédito, 93% entre 2009 e 2012, tendo atingido 54% do PIB, em dezembro de 2012. O nível dos *spreads* bancários praticados, a diferença entre as taxas de captação de recursos e as taxas de aplicação, continua elevado para atender às necessidades de financiamento da economia, mas, ainda assim, sua queda foi expressiva em 2011 e 2012, tanto para pessoas físicas quanto jurídicas, bem como aumentaram os prazos dos empréstimos e houve queda na inadimplência.

No mesmo período de 2008 a 2012, os volumes negociados nos mercados primários de capital (ações, debêntures, notas promissórias, quotas de fundos de investimento em participações e outros) variaram entre 41% e 74% das concessões de crédito. A exceção foi 2010, em que fortes emissões primárias em bolsa, particularmente pela Petrobras, superaram as concessões de crédito em 54%.

O aumento do crédito não foi generalizado, porém, porque se manifestou uma tendência de sua estatização desde 2008. Até meados dos anos 1990, o sistema financeiro público era maior que o privado, de acordo com indicadores de ativos, depósitos, patrimônio líquido e crédito. Essa tendência mudou após a estabilização de preços decorrente do Plano Real, que levou à crise parte ponderável do sistema financeiro nacional. Tomando o indicador de saldo das operações de crédito, os bancos públicos (estaduais, Banco do Brasil e Caixa Econômica Federal) respondiam por 58% do total do Sistema Financeiro Nacional, ao final de 1996, enquanto os bancos privados, inclusive as cooperativas de crédito, se responsabilizavam por 42%. Em 2007, o quadro já parecia estar consolidado em favor do crédito privado, que alcançava 68% do total, contra 32% para os públicos. A tendência mudou de novo a partir de 2008, de modo que a aceleração do crédito público o levou a subir para 48%, contra 52% do segmento privado, no final de 2012. A tendência de estatização, na realidade, se explica tanto pelo avanço do crédito público como pela retração do segmento de bancos estrangeiros, que em parte foi vendido a bancos privados nacionais e em parte diminuiu suas operações: dos 31% do saldo do crédito total em 2006, não foi além de 16% em 2012.

Como esperado, o crescimento relativo do crédito público teve implicações nos segmentos livre e direcionado. As operações de crédito direcionado, como as operações típicas de bancos públicos de desenvolvimento (financiamentos do BNDES para investimentos em prazos mais longos, crédito rural do Banco do Brasil e crédito habitacional da Caixa Econômica Federal), cresceram a taxas maiores que as do crédito livre: 172% e 61%, respectivamente, entre 2008 e 2012. Com isso, as operações direcionadas aumentaram dez pontos percentuais, passando de 12% para 22% do PIB, enquanto o crédito livre aumentou apenas três pontos percentuais: de 29% para 32% do PIB.

Apenas para efeito de comparação regional, na média das operações destinadas ao fomento do desenvolvimento econômico e social (excluídas as operações comerciais, portanto) dos bancos públicos de desenvolvimento da América Latina, as concessões de empréstimos em 2010 foram da ordem de 10% do total dos sistemas financeiros domésticos. Elas variaram de um máximo de 21% no Brasil, seguido de perto pelo México e, mais abaixo, por Chile, Equador e Argentina e mínimos para Nicarágua, Peru e Bolívia (BID, 2013, p.3-4). Com metodologia própria, o Banco Central do Brasil só começou a abrir os dados de concessões anuais de empréstimos a partir de 2011. De todo modo, as concessões de crédito direcionado para a área rural, habitacional e de crédito de longo prazo alcançaram 14% do crédito total em 2011 e 18% em 2012.

Essa atitude anticíclica do setor financeiro público – seja pela expansão do crédito, seja pela aquisição de carteiras de crédito de bancos privados pequenos e médios – mostra uma dimensão perversa dentro de sua atuação positiva. Rapidamente, o crédito alcançou os níveis pré-crise, mas isso se passou à custa da concentração em grandes operações da carteira de crédito. Os créditos direcionados do BNDES, particularmente, são voltados a grandes empresas, enquanto as operações nos segmentos livres costumam ser mais pulverizadas. Empresas como a Petrobras, que antes tomavam recursos externos, foram obrigadas a se voltar para o mercado interno, "esmagando" o volume de crédito antes destinado às pequenas e médias empresas.

Críticas também foram feitas à atuação do BNDES, que foi capitalizado com a emissão de dívida do governo federal, que paga taxa Selic (Sistema Especial de Liquidação e Custódia), enquanto ele repassa esses recursos a empresas com juro menor que o custo da captação. Há um subsídio nesse tipo de operações, mas não se pode negar que elas contribuíram para manter o nível das atividades econômicas em 2009, quando o PIB caiu 0,3%, e acelerar as de 2010, quando o produto cresceu quase 8%, mantendo a capacidade de arrecadação tributária do governo.

Outra consequência da estatização do crédito é que ela contribuiu para o aumento do grau de concentração bancária. Isso, aliás, é uma tendência mundial, que sempre se manifesta em momentos de crise. Em 2006, por exemplo, os cinco maiores bancos tinham 54% e os dez maiores por volta de 73% dos ativos totais; em 2009, 79% e 80%, respectivamente. A concentração bancária também aumentou na participação no crédito. Os cinco maiores bancos têm crescido em detrimento das operações de bancos médios e estrangeiros. Só o Banco do Brasil, a Caixa Econômica Federal e o BNDES somavam 36% do crédito em 2007 e 54% em 2012. A única esfera em que houve desconcentração do crédito foi regional. Seguindo uma tendência histórica, ainda no início da década de 2000, as regiões Norte, Nordeste e Centro-Oeste captavam mais depósitos do que emprestavam em suas próprias regiões, em favor das mais desenvolvidas regiões Sudeste e Sul. Em 2012, o quadro já estava invertido, parcialmente, de modo que os maiores avanços relativos nas operações de crédito ocorreram no Norte, Nordeste e Sul do País, em detrimento de Sudeste e Centro-Oeste.

Finalmente, o grau de endividamento dos bancos brasileiros, que serve como imagem de espelho dos Índices de Basileia, é muito baixo. Uma das causas da crise financeira de 2007 foi o excessivo endividamento dos bancos do sistema financeiro internacional. Não são poucas as menções a bancos que emprestavam quarenta ou mesmo cem vezes mais que sua base de capital. Grosso modo, se um banco alavanca quarenta vezes, isso equivale a dizer que seu Índice de Basileia está por volta de 2,5% (100/40). Os acordos de Basileia, que começaram a ser negociados em 1988, definiram que a taxa mínima de capital total deveria ser de 8%. Atualmente, Basileia III elevou essa taxa, que pode chegar a 13%. Fica claro, portanto, que bancos com índice de 2,5% estão subcapitalizados. Os bancos no Brasil, porém, mostram-se supercapitalizados, porque cometem o pecado inverso de emprestar pouco, se assim a questão pode ser colocada. Em dezembro de 2012, os dez maiores bancos brasileiros apresentavam um Índice de Basileia médio de 16% e os vinte maiores de 15%, isto é, eles não emprestam mais que o equivalente a seis ou sete vezes sua base de capital. Isso é uma constante em todos os segmentos bancários, sejam eles públicos ou privados. Ainda há, por esse prisma, espaço para a expansão da oferta de crédito.

Vulnerabilidade externa

A não sustentabilidade do modelo de financiamento externo dos governos do presidente Fernando Henrique Cardoso ficou clara no período de 1999 a 2002, que começou e terminou em graves crises: no início, como crise cambial, que determinou a desvalorização do real e a flutuação da taxa de câmbio; no final, como crise política derivada da eleição do presidente Luiz Inácio Lula da Silva. Nesse meio-tempo, a balança comercial voltou a apresentar números positivos a partir de 2001, porque a taxa de câmbio efetiva se desvalorizou 34% entre as médias de 1998 e 1999, segundo dados compilados regularmente pelo BIS (jul. 2013).

Uma análise das contas do balanço de pagamentos brasileiro indica que o período entre 2003 e 2004 começou com o agravamento da conta financeira do balanço de pagamentos: apesar do aumento dos capitais especulativos e da manutenção de algum acesso aos mercados internacionais de capitais, reduziram-se drasticamente os investimentos diretos, com o fim das privatizações, os empréstimos e os financiamentos. A crise mais que anunciada no novo governo Lula encontrou resposta, provavelmente a única naquele momento, no aprofundamento do caráter ortodoxo da política econômica: mais juros, mais carga tributária, mais resultado primário. Como consequência, menos crescimento, menos inflação, mais desemprego, maiores indicadores de dívida interna e externa e mais reservas internacionais.

O mercado internacional, porém, continuava a se mostrar líquido e aberto e a demanda chinesa promovia forte aumento de preços dos principais produtos primários brasileiros. Além disso, o real continuou a se desvalorizar até 2003, quando a taxa efetiva de câmbio atingiu seu ponto mais baixo: menos 45% entre a média de 1998 e a média de 2003. Dominados, então, os temores da transição política, os superávits em conta corrente voltaram ao azul por conta dos enormes saldos comerciais, que acumularam cerca de US$ 190 bilhões no período de 2003 a 2007 e permitiram a redução da vulnerabilidade externa do país, por conta da menor pressão sobre o caixa e pela melhora dos indicadores de dívida externa.

Em 2008, porém, a taxa efetiva de câmbio já havia se revalorizado em 63% com relação a 2003, determinando a virada de sinal nas contas externas. Ao final de 2012, a valorização efetiva do real já havia acumulado 76% com relação a 2003. Não é difícil entender, portanto, por que, com o impacto mais forte da crise, recomeçaram os déficits em conta corrente, que saíram do patamar dos US$ 26 bilhões em 2008 e 2009, para a casa dos US$ 47 bilhões em 2010 e para a dos US$ 53 bilhões em 2011 e 2012. A soma do desequilíbrio na conta corrente desses cinco anos foi de US$ 206 bilhões. Em relação ao PIB, a conta corrente foi deficitária em 1,6%, na média 2008 e 2009, aumentou o déficit para 2,2%, na média 2010 e 2011, e subiu novamente para 2,4%, em 2012.

Nos mesmos períodos, o investimento direto estrangeiro foi superior ao déficit da conta corrente. Isso permitiu grande acúmulo de reservas internacionais, mas acelerou a valorização do real; ou seja, a grande liquidez internacional mascarou o desequilíbrio estrutural do balanço de pagamentos. Uma reversão no quadro internacional, com aumento nas perspectivas de crescimento da economia norte-americana e de redução em sua política de expansão monetária pode mudar o sinal para esse tipo de fluxo. Historicamente, casos assim, quando conjugados com deterioração da conta corrente, levam a crises cambiais; em tempos de câmbio flutuante, a expressiva desvalorização da moeda e pressões inflacionárias.

Manifestações recentes da crise

A posse do governo Dilma Rousseff em janeiro de 2011 ocorreu no início de um novo período de deterioração das expectativas com relação ao desempenho da economia. As perspectivas de crescimento se reduziram, o que acabou se confirmando quando o avanço do PIB não alcançou 3% em 2011 e 1% em 2012. Apesar da ainda sólida posição da exportação de produtos primários, era evidente que os melhores momentos dos preços externos das *commodities* agrícolas e minerais já haviam ficado para trás, que aumentava o protecionismo comercial e que, com isso, crescia a vulnerabilidade externa do país. Juros e câmbio mostravam grau excessivo de desalinhamento e, por isso, a indústria brasileira exibia tendência de estagnação. Por isso, duas medidas fundamentais foram tomadas ainda no primeiro ano de governo. Ao contrário das decisões de 2008, quando o Banco Central perdeu a oportunidade de desvalorizar o câmbio e baixar a taxa de juros, desta feita o mesmo ambiente recessivo, que propiciava tais movimentos, não foi desperdiçado.

A taxa de câmbio nominal começou um movimento firme de desvalorização com relação do dólar. O ponto máximo de valorização do real ocorreu na média do mês de julho, mas, a partir de então e até o final de 2011, a desvalorização chegou a 17%; em 2012, mais 14%; em 2013, até julho, mais 8%. No acumulado, desde julho de 2011, 44% de perda de valor nominal com relação à moeda referência, para uma inflação acumulada ao redor de somente 12%, medida pelo Índice Nacional de Preços ao Consumidor Amplo (IPCA).

A queda da taxa básica de juros (Selic) foi possível em função de maior coordenação entre a política monetária e a fiscal. A meta para a Selic entrou em 2010 em 8,75% ao ano e aumentou até 12,5% em julho de 2011. A partir de então, concomitantemente com a desvalorização da moeda, a Selic empreendeu um processo de baixa que a trouxe para 7,25% em outubro de 2012, onde permaneceu estável até abril de 2013. Só nesse momento ela recomeçou uma tendência de alta, em maio, como reflexo das pressões inflacionárias renitentes que o ano manifestava. Essas medidas, por si só, não garantem retomada de crescimento da economia, mas são condições necessárias para tanto. Não há qualquer registro histórico que mostre que um país, qualquer país, tenha conseguido superar os problemas postos pelo desenvolvimento econômico com câmbio forte e juros altos. Pela primeira vez, em muitos anos, esses desequilíbrios fundamentais começaram a ser corrigidos. À luz dos interesses contrariados, pode-se afirmar que não foi pouca coisa!

Apesar disso, a indústria nacional não dava sinais de recuperação de sua tendência estagnacionista. Desde a década de 1970, ela se concentrou nos setores básicos voltados a suprir as necessidades do mercado interno. A valorização cambial permitiu, via importação de máquinas e equipamentos, um processo não vigoroso de modernização da estrutura manufatureira, a par de significativa especialização em produção de *commodities*. Nas palavras de Júlio Almeida e Cristina Reis (2013), "este processo desenvolveu-se sob a dominância da abertura unilateral de importações, forte valorização cambial e ausência de políticas industriais ativas".

Essas são as causas para o fato de o Brasil ocupar um lugar marginal nas cadeias globais de valor, assim entendidas todas as empresas e indivíduos envolvidos na concepção, produção e comercialização de um produto ao redor do mundo. Nas últimas décadas, a distribuição geográfica dessas cadeias permitiu ganhos expressivos à Ásia, em especial à China, em detrimento das economias centrais e, também, de países emergentes da América Latina. Nessa região, o Brasil e todos os demais perderam, com exceção do México, porque ficaram à margem do processo de participação nas cadeias globais de valor (IEDI, 2013a, p.1).

Estudos da OCDE e da OMC, citados pela Carta IEDI (2013a, p.2), indicam que o Brasil é uma das economias com menor valor adicionado estrangeiro em suas exportações, não indo além de 10% delas. Isso se explica pelo fato de o Brasil ser forte na produção doméstica de matérias-primas e bens intermediários e porque produz relativamente poucos bens que demandam componentes importados. Por outro lado, enquanto valor adicionado, o Brasil dá uma contribuição substantiva nas exportações de outros países, principalmente em função das exportações de insumos e matérias-primas.

Os números coletados pelos relatórios anuais do Banco Central de 2009 e 2011 confirmam o fato de o Brasil não estar totalmente excluído das cadeias globais de valor, mas de nelas participar mais como fornecedor de insumos para empresas do exterior que como exportador de produtos de alta e média-alta intensidade tecnológica. Em 2011, por exemplo, apenas 6% das exportações industriais tinham alta intensidade tecnológica e 28% média-alta, ao passo que 20% das importações tinham intensidade tecnológica alta e 48% média-alta.

A tendência de apresentar déficits externos crescentes, medidos pela diferença entre exportações e importações por intensidade tecnológica, vem se agravando desde 2008. A indústria perdeu terreno nas exportações, que representavam 55% do total em 2002 e recuaram para 36% em 2011. As importações, por seu turno, registraram queda nos bens de capital, matérias-primas e produtos intermediários, como proporção do total, e aumento nos bens duráveis de consumo e nos combustíveis e lubrificantes. No mesmo período, os preços dos produtos básicos de exportação se elevaram expressivamente e representam na atualidade cerca de metade, em valor, das exportações do país, quando não iam além de 28% em 2002.

Para estimular o crescimento e melhorar o desempenho da indústria, o governo Dilma Rousseff baixou inúmeras medidas de estímulo ao consumo, por meio de desoneração de impostos – como o Imposto sobre Produtos Industrializados (IPI) – incidentes em produtos da linha branca, móveis, acabamentos de construção e automóveis. Os investimentos em banda larga também foram aquinhoados com desoneração de IPI e Programa de Integração Social (PIS)/Contribuição para Financiamento da Seguridade Social (Cofins). Paralelamente, a folha de pagamento de quinze setores intensivos em mão de obra foi desonerada e foram excluídos impostos do cálculo de aportes de recursos em parcerias público-privadas (PPP). Na esfera do Imposto sobre Operações Financeiras (IOF), esse tributo foi excluído nas aplicações de estrangeiros em debêntures para infraestrutura e em ações e isentado nas operações de exportação. A Taxa de Juros de Longo Prazo (TJLP) para a compra de equipamentos no âmbito do Programa de Aceleração do Crescimento (PAC) foi reduzida (Barros, O., 2012).

A forte reação do governo passou, também, por medidas para encerrar a guerra dos portos, por dar prioridade nas compras governamentais para produtos nacionais (medicamentos e equipamentos de construção) e por novo regime automotivo. Foi permitida a expansão de endividamento para investimentos dos estados, ficando para o BNDES o financiamento de boa parte desses investimentos. O esforço de diminuição dos custos de produção incluiu redução nos encargos nas contas de energia (luz).

Um problema substantivo que o país enfrenta decorre da estrutura de gastos dos três níveis de governo. A carga tributária bruta de 36% do PIB é elevada para um país emergente. Em outros tempos, a ênfase do setor público estava em investimentos na área de infraestrutura, mas na atualidade a prioridade é posta nos programas sociais do governo, que envolvem recursos expressivos. Consequentemente, a única forma de ampliar os investimentos necessários à manutenção de níveis mais elevados de crescimento é por meio de concessões ao setor privado. Os pacotes de concessões em rodovias/ferrovias, portos/

aeroportos, assim como a desoneração da folha de pagamentos de setores ligados à infraestrutura e logística, se inserem nesse escopo.

Até agora, todo esse esforço não foi suficiente para reverter a percepção de que o Brasil está mal posicionado para o crescimento. O país parece ter encalhado em crescimento baixo e é difícil sair disso por vários motivos. De um lado, ele enfrenta uma conjuntura desfavorável com aumento de pressões fiscais, inflacionárias e piora nas contas externas; de outro, há um esgotamento provisório da expansão do crédito, porque o endividamento das famílias já as levou a um ponto em que se tornou necessário enfrentar um período de desalavancagem. O crescimento da renda acima dos índices de produtividade tem, como contrapartida, o fato de representar acréscimo de custo de produção e, portanto, de perda de competitividade. O "efeito inclusão", que aumentou o consumo da classe C, parece ter chegado a seus limites físicos. Houve um forte choque no preço dos alimentos. O preço médio das *commodities* de exportação está caindo, o que, no entanto, tem sido compensado pela forte desvalorização cambial em curso. Por tudo isso, em ambiente de intensificação do protecionismo comercial, o investimento não consegue passar de 18% a 19% do PIB.

Mais importante, o governo parece não haver percebido a importância e o alcance dos enfrentamentos na esfera dos principais preços macroeconômicos. O que se sabe é que os estímulos tributários e de dívida para favorecer o crescimento e melhorar o desempenho da indústria não se mostraram suficientes. Infelizmente, talvez por pressões políticas na virada de 2011 para 2012, quando ficou clara a desaceleração da economia, esse esforço tenha se perdido porque rompeu com a coordenação entre política monetária e fiscal. De um lado, não houve contenção fiscal, no sentido de cumprimento das metas de superávit primário; de outro, assustado com o impacto inflacionário da desvalorização do câmbio, o governo voltou a usar a taxa de câmbio como âncora anti-inflacionária, ao lado do comprometimento dos preços das energias fóssil e elétrica, que arrebentaram com os balanços da Petrobras e da Eletrobras. Sem ajuste fiscal, o Banco Central voltou a aumentar os juros e a controlar a taxa de câmbio. Mais uma vez, perdemos uma oportunidade histórica de enfrentar os dois principais entraves ao nosso crescimento. O caminho adequado talvez fosse o governo procurar consolidar os ganhos sociais e não pressionar a demanda com os programas do PAC e das desonerações de tributos. O mau desempenho do resultado primário só serviu para elevar a já aquecida demanda efetiva, que foi, em grande medida, direcionada para o mercado externo e não para o aumento do emprego, que continua em patamar elevado.

Resultado: o desequilíbrio decorre de falta de oferta, não de demanda. Ele não apareceu nas contas fiscais, mas sim nas contas externas. E foi por aí que o mercado explorou a fragilidade da política governamental, que começou a mostrar um déficit enorme na conta corrente, estagnação do crescimento e inflação em alta. O que parece estar ocorrendo é a percepção de fim de um modelo político. O esgotamento desse modelo poderá ficar evidente em breve tempo, por meio da perda pelos trabalhadores de parte dos ganhos obtidos na época de bonança dos anos do governo Lula. Geralmente, essa perda ocorre como inflação, que corrói os salários reais, ou como recessão, que aumenta o desemprego.

Obviamente, não dá para imaginar que as saídas de 2008 e 2009 possam se repetir na atual conjuntura. Estímulos creditícios e tributários já esbarraram em seus limites. Depois de uma fase de melhora da autoestima do brasileiro, que acreditou haver o país escapado das recorrentes crises cambiais do passado, o perigo que se corre é o de constatar que houve tão somente uma fase de bonança para os países emergentes. Passada essa fase, que parecia apontar para avanço permanente no padrão de vida de suas populações e para aumento de sua expressão internacional, retoma-se a percepção de que o Brasil continua a ser uma economia reflexa dos movimentos do capital internacional, isto é, que ainda não superou sua inserção periférica no mundo.

Michelangelo Merisi, O Caravaggio, *Medusa Murtola*, 1597, óleo sobre tela de linho aplicada sobre escudo convexo de madeira de álamo, coleção particular, Roma.

Parte III
Desenvolvimentos recentes e perspectivas

Fazer previsões é muito difícil, especialmente sobre o futuro.
Woody Allen

*Fazer previsões é fácil, entender o presente
é bem mais complicado.*
John Gray

8
Reforma do sistema monetário internacional

Os propósitos aqui são os de avaliar as mudanças já introduzidas no sistema monetário internacional e especular acerca de possíveis movimentos futuros. Em outras palavras, analisar os desenvolvimentos recentes e possíveis desdobramentos para a crise econômica global. Na primeira seção, serão mencionados alguns instrumentos financeiros novos e os avanços limitados na questão dos controles de capital. Na segunda, a reforma monetária que pode ocorrer em um mundo multipolar e multidivisas em que algumas zonas monetárias regionais têm se desenvolvido. Na terceira, os impactos possíveis na governança mundial.

Mudanças recentes nas esferas monetária e financeira

Quando eclodiram as crises nos países emergentes da Ásia e América Latina na segunda metade da década de 1990, os preceitos do Consenso de Washington dominavam o debate nos organismos internacionais. Havia muita resistência a programas de socorro financeiro do FMI, porque eles incentivariam políticas macroeconômicas inconsistentes e práticas bancárias arriscadas. O conhecimento prévio de ajuda para crises levaria os bancos a emprestar a taxas de juros descoladas dos riscos fundamentais. Nas versões mais extremadas, a própria existência de uma instituição de socorro estaria na raiz da perpetuação das crises.

A política do governo do presidente William "Bill" Clinton antecipava as questões centrais da nova arquitetura pretendida para o sistema financeiro internacional. As pressões liberalizantes, explicitadas pelo então secretário do Tesouro Lawrence "Larry" Summers, em 1998 e 1999, apontavam para maior especialização entre FMI e Banco Mundial e para diminuição significativa dos instrumentos de intervenção multilateral. Seu diagnóstico se baseava no conceito de risco moral, com as crises periódicas dos últimos vinte anos sendo vistas como resultado do excesso de empréstimos a governos levianos e não de carência de capital privado. Além do mais, a determinação dos países do G-7 em não aumentar os recursos disponíveis para o enfrentamento de crises implicou a definição de uma nova estratégia nos organismos; era preciso "tirar mais de menos" e, para tanto, desviar o foco dos países emergentes para os mais pobres (Summers, 1999).

Os países em desenvolvimento de renda média e média-alta contariam com seus próprios bancos centrais, que deviam funcionar como emprestadores nacionais de última instância, por meio de instrumentos desenhados para intervir nos mercados e prevenir contágios, como o seguro de depósitos e a capitalização exigida do sistema bancário, e com estruturas de apoio, que lhes permitiriam supervisionar e regular o mercado. O FMI não contaria nem com estruturas de apoio, nem com instrumentos adequados e, por isso, sua intervenção só faria aprofundar o risco moral. Consequentemente, a resposta dos países do G-7 à instabilidade sistêmica foi a de propor uma reforma do fundo compatível com essa visão ortodoxa. O financiamento devia ser seletivo, o acesso aos recursos dos organismos devia ser mais rápido, mas com custos crescentes e prazos menores. O FMI deveria conceder apenas empréstimos de curto prazo (seis meses) a países solventes que estivessem enfrentando dificuldades de financiamento e divulgar de forma rápida dados de curto e médio prazo dos países-membros, para facilitar o diagnóstico de determinada nação em dificuldade.

É claro que esse fundamentalismo econômico ignorava o fato de que o mundo enfrentava o paradoxo da "Impossível Trindade". Era possível conviver com fluxos livres de capitais e com taxas flutuantes de câmbio, mesmo que estas apresentassem grande volatilidade. A prevalência, porém, de uma "psicologia de manada" seria uma mistura suficientemente explosiva para ser deixada a critério dos mercados. Sem a figura de um financiador internacional último, os governos em crise eram obrigados a tentar controlar as suas políticas monetárias, o terceiro pé da "trindade", o que era incompatível com a manutenção de fluxos de capital livres e taxas flutuantes de câmbio.

Outros autores deram mais destaque à regulação que à existência de fundos financeiros. A ideia era que sem estruturas reguladoras as autoridades econômicas perderiam o controle dos aspectos financeiros da economia, enfraquecendo as políticas monetária e financeira. Eles propuseram o estabelecimento de uma autoridade financeira mundial, cujo lugar natural seria no BIS por causa do papel que este já vinha exercendo na supervisão e regulação financeiras. Assim, em abril de 1999, os ministros de Finanças e presidentes de bancos centrais do G-7 estabeleceram o Financial Stability Forum (FSF), sediado na Basileia, com a finalidade de responder pela estabilidade nos centros financeiros internacionais, bem como por suas instituições. Em abril de 2009, o Financial Stability Board (FSB) o sucedeu.

À época, Joseph Stiglitz (1998) fez considerações fundamentais a respeito da dinâmica das flutuações e crises. Primeiro, seria preciso reconhecer que os países em desenvolvimento têm menor capacidade para regulação financeira e, portanto, maior vulnerabilidade a choques. Segundo, o aumento dos fluxos privados de capital relativamente aos públicos traria consequências negativas para o nível da informação disponível no mercado, porque é mais difícil obtê-las do setor privado do que das esferas públicas. Isso se tornava mais evidente com o uso crescente das operações com derivativos. Terceiro, uma vez que os governos são obrigados a se engajar *ex-post* em pacotes de socorro, seria necessário aceitar sua intervenção *ex-ante*, particularmente na regulação prudencial (risco sistêmico). Nesse sentido, haveria muitas formas em uso para inibição dos fluxos de entrada de capitais que deveriam ser apoiadas, como, por exemplo, a imposição de depósito compulsório em todos os influxos de curto prazo, que equivaleria a um imposto sobre capitais de curto prazo.

Enfim, o FMI definitivamente não estava aparelhado para exercer o papel de emprestador de última instância e, na esfera do monitoramento e supervisão, sua ação tendia a se enfraquecer num mundo onde predominam fluxos privados de capitais. Essas fragilidades ficaram evidentes no encaminhamento dos pacotes de socorro decorrentes da quebra dos países emergentes, particularmente pela mudança de natureza da crise. Já não se tratava de desequilíbrios em conta corrente, mas de problemas de financiamento na conta de capital.

Após um curto período de ostracismo, em que o FMI parecia destinado a se tornar irrelevante, assim como uma série de outros instrumentos criados em Bretton Woods, a crise econômica global trouxe-lhe um sopro novo de vida, agora no papel de braço operacional do G-20. Mais aberto a demandas históricas dos países emergentes, o FMI aprovou, afinal, a criação de uma linha de crédito flexível (Flexible Credit Line – FCL, na sigla em inglês) de resgate rápido em momentos de crise e outra de caráter preventivo. Foi necessário, porém, que a crise chegasse ao cerne do mundo desenvolvido para que elas se tornassem viáveis. Países em dificuldades, como os da Europa do Leste e da periferia da zona do euro, passaram a contar com um sistema mais sólido para enfrentar seus desequilíbrios externos.

Mais importante, talvez, tenha sido a inflexão teórica do FMI no sentido de aceitar a ideia de controle de capitais, ainda que com várias restrições. Até 2005, o fundo não enfrentou entraves em sua defesa da liberdade plena para os fluxos financeiros internacionais. Naquele ano, porém, o Escritório de Avaliação Independente do FMI, estabelecido em 2001 para conduzir exames objetivos e independentes de suas políticas e atividades, publicou estudo interno de análise da questão da liberalização da conta de capital para uma amostra de países emergentes no período de 1990 a 2004, com ênfase em três pontos (Cf. "IMF's Independent Evaluation Office Announces Release of Report on the IMF's Approach to Capital Account Liberalization", FMI, 25/5/2005). O primeiro foi reconhecer que não há evidências que deem apoio à tese de que maior endividamento externo leva, necessariamente, os países a crescerem mais rápido do que são capazes. O segundo foi criticar a insistência que os analistas do FMI sempre deram aos riscos que os países emergentes corriam em buscar recursos externos sem atentar para a solidez de seus sistemas financeiros. Essa abordagem é importante, mas se centra, por definição, na estrutura econômica dos países recipientes (o lado da demanda), sem considerar o caráter procíclico e volátil dos fluxos disponibilizados pelos detentores do capital (o lado da oferta). O terceiro criticou a informalidade da supervisão exercida pelo FMI, cujos técnicos não ultrapassavam recomendações válidas para o conjunto dos países emergentes. O escritório destacou a necessidade de estudar a situação macroeconômica de cada país tomado isoladamente e de reconhecer que, em certas condições, controles de capital eram úteis (Silva, 2012a, p.7).

Outros autores fizeram estudos na mesma linha do Escritório de Avaliação Independente do FMI. José Antonio Ocampo (2011, p.1-2) enfatizou a natureza procíclica dos fluxos privados, que se tornaram "um dos maiores determinantes (e talvez *o* maior determinante) dos ciclos de negócios nas economias emergentes". Além disso, a oferta de financiamento foi vista como crescentemente movida por decisões de portfólio nos países industriais, estando desconectada da demanda de capital por países emergentes, cujos mercados financeiros são incompletos e pequenos relativamente à magnitude das pressões especulativas que sofrem.

Ao tratar da questão da prevenção de crises, Stephany Griffith-Jones e Ocampo (2011, p.11-23) partiram da análise de dois princípios básicos de uma regulamentação prudencial: extensão ou abrangência e caráter contracíclico.

No primeiro caso, eles destacaram que, em 2007, apenas 25% dos ativos do sistema financeiro norte-americano pertenciam a bancos comerciais, que eram as instituições mais sujeitas a regulamentação. Isso deixava de fora instituições como *hedge funds*, agências de regulação, derivativos negociados em balcão e centros *offshore*, que não se submetiam a qualquer regulação ou que enfrentavam normas muito leves. Como a atuação das partes menos reguladas do sistema financeiro são as que criam os mais fortes impactos procíclicos, particularmente nas economias emergentes, sua recomendação foi a de que a abrangência de regulamentação coincidisse com a abrangência de mercado.

No segundo caso, afirmaram que regulamentações procíclicas implicam que o foco tradicional microeconômico deve ser complementado por políticas macroprudenciais de caráter contracíclico; isto é, que políticas macroeconômicas compensem a natureza procíclica dos mercados financeiros. Para que a regulamentação seja abrangente, é necessária a imposição de regras de capital mínimo para todos os negociadores com derivativos e para garantias em transações com esses derivativos, de forma a reduzir o endividamento e o risco sistêmico. Para enfrentar os desequilíbrios monetários, é preciso proibir descasamento de moedas nos portfólios de intermediários financeiros, lançar mão de regulações baseadas em preços, como tributação de fluxos de entrada e saída, exercer controles quantitativos e fazer exigências de reservas não remuneradas sobre fluxos de entrada de capitais.

Em resposta a esse tipo de críticas, o FMI publicou quatro documentos no período de 2010 a 2012, em que reviu suas posições históricas, a começar pelo seu próprio papel na questão da liberalização dos fluxos de capital. No primeiro documento, ("Capital Inflows: The Role of Controls", FMI, 19/2/2010, p.18-19), houve o reconhecimento explícito de que, na crise asiática da segunda metade da década de 1990, ficou evidente que a natureza das crises havia mudado. Os problemas não mais derivavam de desequilíbrios na conta corrente do balanço de pagamentos, mas na conta de capital por causa da ampla mobilidade dos fluxos financeiros internacionais. Por isso, era preciso rever o papel do FMI, cujo estatuto lhe dá poder de promover a liberalização da conta corrente dos países-membros, mas nada diz com relação à conta de capital. Como há uma impossibilidade prática de alterar o estatuto, o FMI manteve sua supervisão em caráter informal. Os países-membros continuam a regular o movimento de capitais, mas o organismo limita esse direito e impede que os países alterem suas taxas de câmbio livremente. Foi com base nessa indefinição que o fundo encorajou a abertura ampla das contas de capital dos países em desenvolvimento.

O entendimento mais recente, "Liberalizing capital flows and managing outflows" (FMI, 13/3/12, p.6-8), é o de que os movimentos de capital são uma parte importante do mandato do fundo, a despeito da dicotomia nos artigos do estatuto entre transações correntes e de capital. Os países-membros têm liberdade de "exercitar controles que sejam necessários para regular os movimentos internacionais de capital", mas essa liberdade não seria ilimitada, porque ela não poderia se mostrar inconsistente com suas obrigações com o organismo. "Em geral, o fundo foca as questões dos fluxos de capital tanto como parte integral de sua supervisão bilateral quanto no contexto de suas responsabilidades de supervisionar o sistema monetário internacional."

De todo modo, o FMI reconheceu que não há uma definição uniforme de liberalização dos fluxos de capital. Num sentido amplo, entende-se que a plena liberalização implica a ausência de qualquer medida regulatória ou de outra natureza que impeça os movimentos transfronteiriços do capital. Na prática, ninguém adota essa definição ampla. A União Europeia se aproxima dela porque proíbe todas as restrições aos movimentos de capital. Apesar disso, ela não reconhece como restrições aos movimentos de capital algumas medidas prudenciais ou medidas que sejam justificadas com base em políticas públicas ou de segurança, o que lhe dá bastante discricionariedade frente à realidade. A Organização para Cooperação e Desenvolvimento Econômico (OCDE) utiliza um conceito mais estrito, que está centrado na proibição de restrições baseadas em critérios de residência, isto é, ela não admite a discriminação entre residentes e não residentes em um país, mas discrimina entre transações de longa maturação, geralmente consideradas menos voláteis, e transações de prazos mais curtos e mais voláteis que se utilizem de inovações que necessitem ser controladas.

Três outros pontos dos estudos do FMI são aqui resumidos. O primeiro é a constatação de que os fluxos de capital para os países emergentes aumentaram muito nos anos 2000, assim como sua volatilidade, especialmente após o advento da crise financeira global (Cf. "Recent Experiences in Managing

Capital Inflows: Cross-Cutting Themes and Possible Policy Framework", FMI, 14/2/2011, p.3). Muitos foram os motivos para o aumento desses fluxos. Os principais decorrem de causas estruturais ligadas ao envelhecimento das populações das economias avançadas e ao ritmo lento de seu crescimento. Esses fatos jogam a favor de um deslocamento crescente de recursos de seus investidores institucionais para os países emergentes, que teriam melhorado muito seus fundamentos econômicos ("The Fund's Role Regarding Cross-Border Capital Flows", FMI, 15/11/2010, p.3). Para além das questões estruturais, também as políticas monetárias frouxas adotadas nas economias avançadas implicaram uma forte queda nas taxas de juros praticadas e, consequentemente, um aumento do diferencial dessas taxas com relação àquelas praticadas nos países emergentes, ampliando os espaços para operações de arbitragem. A maior volatilidade, por sua vez, ficou evidenciada pelo estreitamento de tempo dos ciclos de crescimento e recessão econômica nos países emergentes, que passaram a acumular significativos montantes de reservas internacionais e a sofrer de tendência de valorização de suas taxas de câmbio, expansão desordenada do crédito, má alocação do investimento e bolhas de ativos.

Um segundo ponto é o fato de o fundo, também de acordo com o mesmo estudo (FMI, 15/11/2010, p.7-15), ter afinal aceito as responsabilidades do "lado da oferta" dos fluxos de capital, ao invés da ênfase exclusiva no "lado da demanda". O diagnóstico se enriqueceu ao acrescentar os efeitos instabilizadores dos mercados livres globais aos argumentos tradicionais ligados à fragilidade de políticas conduzidas pelos países em desenvolvimento. Houve o reconhecimento da responsabilidade de alguns poucos centros financeiros internacionais com capacidade efetiva de influenciar os níveis de liquidez global e o risco sistêmico e de instituições financeiras globais importantes em termos de sua participação nos fluxos de investimento de portfólio e de empréstimos bancários e não bancários. Esse reconhecimento, porém, não implicou a aplicação de qualquer medida prática.

O terceiro ponto, consequentemente, mostra que as recomendações do fundo continuaram voltadas exclusivamente para os países emergentes. Estes deveriam se utilizar de medidas de administração dos fluxos de capital, de preferência não baseadas em critérios que discriminassem investidores residentes e não residentes em um país. Assim mesmo, tais medidas deveriam se apresentar como armas de última instância e ter caráter temporário ("Recent Experiences in Managing Capital Inflows: Cross-Cutting Themes and Possible Policy Framework", FMI, 14/2/2011, p.7). Ou seja, antes de medidas de controles de capital, os governos deveriam lançar mão de seu arsenal de políticas macroeconômicas. Por exemplo, deixar a taxa de câmbio real se ajustar à taxa nominal e, depois, acumular reservas internacionais. Na sequência, como fluxos de capital podem ser prócíclicos, deveriam considerar a adesão a políticas macroeconômicas contracíclicas, como a redução das taxas de juros ou apertos na política fiscal, além de procurar alterar o padrão dos fluxos de entrada, de modo a favorecer tipos menos voláteis de capital, e aderir a políticas macroprudenciais, como aumento nos depósitos compulsórios ou restrições a contratos de *hedging*. Somente quando tais opções de políticas fossem exauridas, faria sentido usar medidas de controle dos fluxos de capital.

Uma forte crítica a essa abordagem veio do relatório de um estudo acadêmico (Gallagher; Griffith-Jones; Ocampo, 2012, p.2-6), que reafirmou o caráter inerentemente instável dos mercados financeiros, agravado por operações de *carry trade* (arbitragem), que leva os investidores, em ambiente de alta liquidez, a vender dólares (ou ienes) e a comprar moedas de nações com taxas de juros mais altas e com expectativas de valorizações de suas taxas de câmbio. Esses investidores esperam ganhar tanto nos diferenciais de taxas de juros quanto nos movimentos de câmbio. Por isso, essas ondas repentinas de fluxos de capital podem ser desestabilizadoras também por motivos conjunturais e não somente estruturais.

Suas recomendações, contrariamente às do FMI, incluem inúmeras razões para usar controles na conta de capital. Dentre elas, as principais são: restrições devem ser vistas como parte essencial do instrumental da política econômica e não como instrumento de última instância, além de assumir caráter permanente e não temporário e distinguir residentes de não residentes; restrições baseadas em quantidades podem ser mais efetivas que aquelas baseadas em preços, especialmente em países com contas de capitais relativamente fechadas, bancos centrais frágeis ou quando os incentivos para atrair capital são muito grandes; restrições não devem se limitar aos fluxos de entrada de capitais, mas também aos de saída, particularmente em momentos de crise aguda, quando há risco de corridas bancárias; finalmente, as nações industrializadas devem considerar os efeitos de contágio de suas políticas monetárias e avaliar medidas para reduzir fluxos excessivos de saída de capitais de curto prazo, que são indesejáveis tanto para elas quanto para os países em desenvolvimento.

O advento de um mundo multipolar e suas consequências

Épocas de grandes transformações como a atual costumam incentivar o surgimento de estudos com propostas de reforma profunda, de evolução controlada ou de readequações "ao mercado" das instituições vigentes.

Reformas estruturais em questões monetárias podem ser classificadas como *utópicas*, quando se entende a emissão da moeda mundial como uma questão de poder. No capitalismo, só houve uma transição da libra para o dólar, quando a potência dominante, o Reino Unido, estava exaurida ao final da Segunda

Guerra Mundial. O mesmo não ocorre com os Estados Unidos na atualidade. A instalação de um banco de reserva global que crie e administre uma moeda supranacional nos moldes defendidos por John Maynard Keynes em Bretton Woods tem hoje a mesma probabilidade de aceitação que teve em 1944: zero. Derivam desse tipo de abordagem a sempre mal resolvida questão da atuação do FMI como emprestador de última instância, mesmo que por meio da criação de imposto sobre os fluxos financeiros internacionais para capitalizá-lo e dotá-lo de capacidade autônoma de enfrentamento das crises, e a questão do envolvimento do setor privado na prevenção e solução de crises. Esses temas não serão tratados aqui, mas já o foram em outro documento (Silva, 2011a, p.1-29).

Uma forma mais realista de enfrentar as possíveis alterações no sistema monetário internacional envolve uma combinação de aspectos *evolutivos* e *inerciais*. Evolutivos porque visam desenvolver um movimento gradual para um sistema de reserva global mais equitativo e estável; inerciais porque reconhecem as dificuldades de alterar a essência do sistema monetário internacional centrado no dólar.

Nesse sentido, entende-se como evoluções interessantes o fortalecimento do uso dos Direitos Especiais de Saque (DES) e a diminuição das reservas internacionais mantidas pelos países emergentes como autosseguro contra crises. No primeiro caso, Stiglitz e Kregel coordenaram estudo para a ONU (2009) em que foi defendida a adoção de uma Conta de Substituição no FMI, uma alternativa intermediária ao banco de reserva global. Nela, o fundo teria permissão para trocar reservas internacionais por DES e reciclar esses recursos para os países deficitários em crise.

Mesmo sem essa conta, o FMI já emitiu DES em resposta às determinações do G-20, em sua reunião de Londres em abril de 2009, para enfrentar os momentos mais tensos do agravamento da crise global com a quebra do Lehman Brothers em 2008. Por isso, talvez uma nova mudança na composição relativa dos DES, em favor da incorporação do yuan chinês à cesta de moedas, seja a alteração mais viável no futuro próximo, tendo em conta as dificuldades de coordenação macroeconômica internacional e o fortalecimento recente do dólar. A China, afinal, é o país com o segundo maior produto do mundo e o primeiro em exportações e volume de reservas. Tem, também, aumentado sua presença nos mercados de câmbio internacionais e continua a avançar na sua reforma financeira. No segundo caso, a ser tratado no próximo capítulo, uma forma de evitar o custo excessivo de manter reservas internacionais seria a constituição de fundos monetários regionais.

Analisando, então, a questão monetária pela ótica dos DES, pode-se especular que já existe um arranjo multidivisas no mundo, embora ainda dominado pelo dólar? Não para Cintra (2008), por exemplo, que defende a ideia de que a crise recente nos Estados Unidos foi financeira, mas não monetária. Não ocorreu fuga do dólar, mas fuga para o dólar. E significa também que os Estados Unidos são o único país com poder para regular a ordem econômica mundial, em particular no que se refere à reforma monetária. Esse poder foi exercido, por exemplo, quando o Fed fez acordos de *swaps* de dólar para moedas nacionais com os bancos centrais de inúmeros países: Austrália, Brasil, Canadá, Dinamarca, Inglaterra, Coreia do Sul, México, Nova Zelândia, Noruega, Cingapura, Suécia, Suíça e BCE. A disponibilização desses recursos ocorreu a partir de 2008 para ajudá-los a enfrentar eventuais ataques especulativos a suas moedas, um recurso que nem todos eles utilizaram.

De fato, não se visualiza nenhum acordo multilateral de coordenação monetária no horizonte. Se as previsões para o dólar não são brilhantes, o cenário para seus rivais – o euro, o iene e o yuan – não são melhores. A conformação do poder no mundo atual não é suficiente para justificar uma mudança na moeda referência, principalmente por duas razões. A primeira é que a decadência da moeda referência não implica a emergência automática de outra. A segunda é que as preferências monetárias mostram tendência à inércia. Há grande resistência a mudanças, que refletem o alto custo de trocar de uma moeda para outra. Por isso, o futuro deve ser marcado por um sistema monetário fragmentado, competitivo e sem uma moeda dominante. Isso só teria efeitos positivos para o sistema se os Estados Unidos aceitassem maior cooperação internacional, diminuindo o risco de novas crises. Infelizmente, a história do capitalismo não registra esse tipo de avanço. No período entre as duas guerras mundiais, a falta de cooperação da enfraquecida libra esterlina e o isolacionismo do dólar estariam entre as causas principais da crise financeira que se seguiu à quebra de 1929 (Cohen, 2009, p.145).

O Gráfico 9 mostra as variações das taxas médias reais efetivas de câmbio dos anos 2000, que seguem metodologia do BIS. Elas são taxas médias geométricas ponderadas por taxas bilaterais de câmbio baseadas em relações de comércio (vale no momento o comércio externo do período 2008 a 2010) e ajustadas pelos relativos preços ao consumidor.

Gráfico 9 – Variações das taxas médias reais efetivas de câmbio

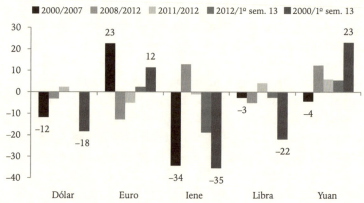

Fonte: BIS Effective Exchange Rate Indices, atualizado em 16 de julho de 2013.

As quatro primeiras moedas conformam a base atual de cálculo dos DES, a moeda escritural do FMI: o dólar com peso de 44%, o euro com 34%, o iene e a libra com 11% cada uma. A criação dos DES remonta ao final da década de 1960, assunto já tratado na primeira parte, com a finalidade de suprir os bancos centrais de uma moeda de reserva mais confiável que o dólar, cujo valor fixo com relação ao ouro foi abandonado nos primeiros anos da década de 1970. O yuan é o candidato natural a entrar nesse clube muito fechado de estrelas.

Todo o desconforto que o mundo tem sentido ao longo dos anos 2000 se prende às sucessivas desvalorizações ocorridas na moeda norte-americana. Por sua volatilidade, o problema do dólar prende-se às dificuldades de cumprir sua função de moeda reserva e não sua função de moeda meio de pagamento. Barry Eichengreen (2009, p.1-4), por exemplo, afirma que o problema da instabilidade do sistema monetário não era expressivo enquanto a economia norte-americana era grande relativamente à mundial e a demanda dos demais países por reservas em dólar era modesta. Em 2012, o PIB norte-americano representou 22% do total mundial, contra 30% em 1999, mas a importância do dólar não diminuiu na crise financeira iniciada em 2007: 64% das reservas identificadas estavam em dólares, entre 2007 e 2008, e 62% em 2012, enquanto o euro não passava de 26% e 24% em iguais períodos. Em 2008, 45% dos títulos de dívida internacional também eram referenciados ao dólar, contra 32% em euros; a maior parte das transações nos mercados de câmbio continuava a ser feita em dólares; e, em abril de 2008, 66 países usavam o dólar como âncora cambial, contra 27 em euros.

Dados do *Global Financial Stability Report* (FMI, abr. 2013, p.11) mostram alguns indicadores selecionados para os tamanhos dos mercados de capitais em 2011. Para um PIB ao redor de US$ 15 trilhões, o mercado de bônus, ações e ativos bancários dos Estados Unidos alcançava cerca de US$ 64 trilhões (cerca de 430% de profundidade), enquanto para um PIB pouco acima de US$ 13 trilhões, o mercado de capitais da zona do euro atingia cerca de US$ 60 trilhões (cerca de 460% de profundidade). Ambos os mercados são, portanto, amplos e profundos, onde a liquidez é imediata. Por isso, a preferência pelo dólar reflete o momento mais agudo da crise europeia, mas também preferências históricas. A inércia desempenha, de fato, um papel relevante no jogo das moedas mundiais.

Voltando às informações que o gráfico desvenda, o dólar iniciou seu processo de desvalorização em termos efetivos reais antes mesmo da crise hipotecária de 2007 (menos 12%), por conta dos gigantescos desequilíbrios em conta corrente, particularmente com seus parceiros superavitários: China, Alemanha e Japão. Entre 2008 e 2012, queda adicional de 3%, valorização de 2% em 2012 e estabilidade média no primeiro semestre de 2013. Ou seja, uma perda acumulada real de 18% a partir de 2000.

Passado esse período de declínio, 2013 apresenta perspectivas benévolas com relação aos Estados Unidos, que podem estar retomando níveis mais apreciáveis de crescimento econômico. Contribuiu para tanto uma inovação tecnológica que permitiu a extração de óleo e gás natural de xisto, que reduziu expressivamente o preço da energia, ainda que com graves perdas ambientais. Estima-se, inclusive, autossuficiência energética para 2020. A combinação de um dólar desvalorizado em termos reais, com mudança na matriz energética e com salários domésticos menos pressionados, por conta de relocalização industrial na Ásia, aponta para um renascimento generalizado e para a internalização de uma indústria norte-americana de alta produtividade. Essa tendência de "volta para casa" pode configurar um movimento estrutural especialmente relevante, que, ao lado da diminuição ou reversão da compra de títulos que caracteriza o afrouxamento quantitativo (*quantitative easing*), implica uma nova conjuntura de dólar forte (Barros, J., 2013).

Os possíveis competidores do dólar estão muito atrás em desenvolvimento dos mercados. A zona do euro também apresenta PIB expressivo (23% em 2012 contra 29% em 1999) e conta com mercados financeiros e de capitais igualmente amplos, mas ainda não tem federalismo fiscal nem um banco central com capacidade de operar como emprestador doméstico e internacional de última instância, embora pareça caminhar para isso. Sua taxa real efetiva de câmbio mostrou tendências inversas às do dólar até a crise imobiliária dos Estados Unidos: forte apreciação de 23% entre 2000 e 2007. Quando a crise impactou os países de sua periferia, foi forte a desvalorização do euro, 13% entre 2008 e 2012 (5% somente em 2012), que era visto até então como o sucessor natural do dólar. O primeiro semestre de 2013 aponta para pequena valorização de 2%, na esteira de um possível equacionamento de sua crise, mas o euro ainda se encontra valorizado em 12% ao longo dos anos 2000. A continuidade de políticas fiscais restritivas, porém, se reflete em todas as expectativas dos mercados e dos organismos internacionais, que ainda atribuem à zona do euro períodos de recessão ou de baixo crescimento.

A libra está sobrerrepresentada na composição dos DES. O peso de 11% nessa moeda está muito além do tamanho da economia inglesa, ao redor de 3% do PIB mundial em 2012 contra 5% em 1999. Nos anos 2000, ela perdeu 22% de seu valor efetivo. Qualquer modificação futura dos DES terá de reduzir o seu peso relativo.

Ao contrário da inglesa, a economia japonesa é grande, 8% do PIB mundial em 2012 contra 14% em 1999, e apresenta fortes superávits em conta corrente desde os anos 1980. O país é credor internacional, mas sua moeda apresenta fragilidades por sua alta dependência comercial com relação aos Estados Unidos e ao dólar, que denomina a maior parte de seu comércio exterior, e porque quase não empresta em sua própria moeda, mas em dólar. Apesar disso, o Japão pode estar voltando ao jogo, porque o governo conseguiu desvalorizar o iene em termos efetivos em 35%, entre a média do primeiro semestre de 2013 e a média do ano 2000, sendo de 19% só nos seis primeiros meses de 2013. Num país deflacionário, onde o governo luta para introduzir uma inflação de até 2% ao ano, a desvalorização efetiva ocorrida representa um bônus enorme para a indústria, que já está se reposicionando no comércio internacional. O Japão não é carta fora do baralho.

A China é um caso singular na economia contemporânea. Ela é muito grande. Seu produto equivalia a 3% do PIB mundial em 1999, mas já atingiu 11% em 2012. Sua agressividade comercial incomoda e, por isso, grande parte das análises a respeito de seu desempenho remete à política cambial. Analisar o nível da taxa de câmbio efetiva do yuan, no entanto, não é tarefa trivial. A série aqui utilizada recua somente até 1994. Entre a média daquele ano e a de 1999, o yuan se valorizou 34%, embora tudo indique que isso tenha ocorrido a partir de uma base muito frágil. Os primeiros sete anos da década de 2000 trouxeram desvalorização real de 4% ao yuan e uma profusão de críticas dos Estados Unidos contra o intervencionismo governamental e a pouca transparência da política cambial chinesa de relativo atrelamento de sua moeda ao dólar. Após 2008, as críticas foram sendo suavizadas, à medida que o yuan se valorizou persistentemente: 13% até 2012, sendo 6% somente neste último ano e mais 5% no primeiro semestre de 2013. No acumulado dos anos 2000, a apreciação efetiva da moeda alcançou 23%.

Os movimentos recentes de sua moeda apontam, portanto, para uma inflexão na condução da política econômica chinesa, antes dinamizada pelos avanços no comércio exterior. Suas autoridades já deixaram claro que o reequilíbrio de sua economia passa por um crescimento mais moderado e mais voltado ao mercado doméstico. Para tanto, suas autoridades afirmam que é preciso suavizar os estímulos fiscais, de investimento e, particularmente, de crédito, que tem crescido exageradamente.

O que não se fala é que há grande concessão de subsídios voltados a transformar a estrutura produtiva nacional de uma indústria trabalho-intensiva para uma indústria capital-intensiva. "No atual estágio de desenvolvimento, o baixo custo do trabalho na China explica muito pouco a competitividade industrial do país. Os salários na China poderiam, então, continuar crescendo, como vem acontecendo nos últimos anos, sem pôr em risco a expansão dos produtos chineses nos mercados internacionais" (IEDI, 2013b). Logo, os objetivos de aumentar o consumo interno por meio de aumentos do salário real e da valorização do yuan e de diminuir e redirecionar o volume de investimento da infraestrutura para a qualidade de vida não devem colocar em risco sua competitividade no comércio exterior.

A China ainda não tem uma moeda conversível em razão dos controles de capitais que limitam o desenvolvimento de seu mercado de capitais. Ela procura fugir à armadilha do dólar, porque suas restrições para transações na conta de capital do balanço de pagamentos lhe deixam como único canal de reciclagem dos dólares obtidos no comércio o investimento no exterior, em boa medida na acumulação de reservas em títulos do governo norte-americano de baixíssimo rendimento, e a constituição de um fundo soberano de US$ 600 bilhões. Por isso, ela vem desenvolvendo uma estratégia de conversibilidade administrada do yuan que pretende chegar a seu termo em 2020, por meio de três vias: aumento da participação do yuan na denominação e liquidação de operações comerciais e acordos comerciais; criação de um mercado *offshore* para o yuan em Hong-Kong; e transformação de Xangai em centro financeiro internacional (Cintra; Martins, 2013, p.267).

No primeiro caminho, bancos como o Export-Import Bank of China e o China Development Bank já denominam seus empréstimos em yuan. Além disso, a China tem celebrado inúmeros acordos bilaterais para realização de transações comerciais para troca cambial (*swap*) em moeda nacional. No primeiro trimestre de 2011, US$ 55 bilhões (7%) do comércio exterior chinês foram liquidados em yuan e estima-se que, ao final daquele ano, a percentagem tenha alcançado 10%. Dados do Banco Mundial (2011, p.141) também mostram que, entre dezembro de 2008 e julho de 2010, foram assinados acordos de *swaps* no montante de 804 bilhões de yuans com oito bancos centrais. Entre 2011 e março de 2013, Marcos Cintra e Aline Martins (2013, p.273) relacionam mais 309 bilhões de yuans com onze bancos centrais, no total de 1.113 bilhões de yuans, e mencionam a expectativa de que cerca de 50% do comércio da China com países em desenvolvimento pode vir a ser liquidado em moeda nacional até 2016.

Os números dos projetos chineses sempre impressionam, mas Eichengreen (2009, p.8-9) coloca um ponto de interrogação nessa questão. Ele entende que, apesar de declarações a favor do uso de moedas nacionais em comércio bilateral, os acordos de *swap* feitos pela China não implicam vantagens práticas expressivas. Eles só seriam interessantes para empresas que exportassem e importassem da China ou quisessem investir naquele país. Há verdade nisso, mas sempre se pode argumentar que o uso de moedas nacionais é uma forma de defesa de países de moedas não conversíveis internacionalmente contra crises cambiais.

No segundo caso, os investidores já podem comprar e vender em yuan nos mercados secundários e fechar contratos de derivativos em Hong-Kong. É ali que ocorrem as experiências chinesas de desenvolvimento de um mercado *offshore* de capitais. Estruturada em moldes ocidentais, Hong Kong se tornou a preferida dos investidores chineses que procuram colocar recursos no exterior. No sentido contrário, ela propicia a captação de recursos em yuan por investidores estrangeiros e por instituições financeiras internacionais interessadas em investir na China (Banco Mundial, Banco Asiático de Desenvolvimento e Corporação Financeira Internacional).

Nesse campo, a China pode enfrentar dificuldades. O fundamento para as economias de mercado é que um país deve ter mercados financeiros amplos, profundos e líquidos, de modo a permitir aos investidores estrangeiros ter acesso a uma gama variada de ativos financeiros denominados na moeda nacional. No caso chinês, os mercados de títulos públicos e privados ainda são estreitos e pouco desenvolvidos. O desafio chinês está em sua capacidade de fortalecer o sistema bancário, desenvolver seus mercados de títulos públicos e privados e negociá-los à vista em sua moeda e em mercados de derivativos.

Ao tempo, porém, em que o governo deseja ampliar a abertura de sua conta de capital para dar conversibilidade a sua moeda, ele não abre mão de controlar os fluxos financeiros internacionais e a condução de sua política cambial. Cintra e Martins (2013, p.280-283) exemplificam a questão. Com a abertura parcial recente, passaram a coexistir dois mercados de câmbio e dois de juros. A regulada moeda chinesa *onshore* (CNY) passou a conviver com a desregulada moeda chinesa *offshore* (CNH), implicando uma tendência de a cotação deste ser maior que a daquele, ao passo que as taxas de juros são menores em Hong-Kong. Esse quadro favorece o surgimento de operações de arbitragem, em que os investidores, importadores chineses e empresas multinacionais, se endividam no mercado *offshore* de Hong Kong e remetem capital para o mercado *onshore* continental em busca de ganho no diferencial de taxas de juros. Isso pressiona o CNY a se valorizar e o CNH a se desvalorizar.

Um fato exógeno, porém, inverteu o sentido da equação. A partir de setembro de 2011, a crise das dívidas soberanas na Europa levou os bancos europeus a retirarem seus depósitos em Hong Kong, ocasionando queda abrupta de liquidez naquele mercado e, portanto, o CNH se desvalorizou frente ao dólar. O CNY, ao contrário, por causa das usuais intervenções massivas do governo no mercado de câmbio e, principalmente, por motivo de mudanças no rumo de maior internalização do desenvolvimento da economia mostrou aceleração em sua tendência de valorização real: 2% em 2011, 6% em 2012 e 5% nos cinco primeiros meses de 2013. O CNH ficou mais barato que o CNY e inverteu o fluxo de capitais. Os importadores pararam de comprar dólares *offshore* e os exportadores e as empresas multinacionais passaram a remeter recursos do continente para Hong Kong. Um caso de arbitragem reversa.

Esse episódio demonstra que a ampliação da liberalização dos fluxos de capitais colocada em prática pelo governo chinês faz que os fluxos de curto prazo – que tinham pouco impacto na trajetória da taxa de câmbio do renminbi – assumam papel cada vez mais importante em sua determinação. Dadas as válvulas de comunicação entre os dois mercados, choques externos afetam inicialmente o mercado cambial *offshore* e, então, penetram no mercado financeiro doméstico. Assim, a instabilidade inerente ao comportamento dos fluxos de capital de curto prazo tende a tornar as taxas de câmbio (CNY/CNH)/US$ mais voláteis, introduzindo novos desafios para o governo chinês gerir a liquidação do comércio exterior [...]. (Cintra; Martins, 2013, p.283)

No terceiro caminho, a China afirma querer transformar Xangai num centro financeiro internacional, o que implica aprofundar suas relações financeiras com o exterior. Esse é outro ponto que apresenta dificuldades ligadas à estrutura do sistema financeiro, que é extraordinariamente desigual (Silva, 2013b, p.189-191).

Em 2004, havia mais de 36 mil instituições bancárias, mas com enorme grau de concentração das operações. Em primeiro lugar, quatro grandes bancos públicos controlavam 50% dos ativos por meio de vasta rede de agências. Em segundo, havia um segmento de bancos comerciais privados, responsável por 19% dos ativos, que mostrava boas perspectivas de expansão futura; eles se estruturavam como sociedades por ações, em que o Estado detinha participação. Em terceiro, 98% das instituições eram compostas por minúsculas cooperativas rurais de crédito espalhadas por 25 mil cidades e vilarejos. Elas respondiam por 9% dos ativos bancários (Aglietta; Landry, 2007, p.76-77).

Analistas de mercado definem esses bancos como problemáticos por causa do viés que eles mostram a favor de crédito a empresas estatais ou controladas por poderes políticos locais, o que os afasta da cultura de risco que é fundamento da atividade bancária numa economia de mercado. Teria sido por isso que pequenas e médias empresas privadas começaram a dirigir suas necessidades de financiamento para outros tipos de bancos que se desenvolveram no fim dos anos 1990 e que responderam por cerca de 20% do crédito.

Algumas análises de corte acadêmico são menos críticas do sistema bancário chinês. Cintra (2008, p.133-137), por exemplo, reconhece a grande concentração nas mãos dos quatro grandes bancos comerciais em termos da intermediação do financiamento na economia, mas não a entende como um problema. A realidade local de mercados ainda incipientes de bônus e de ações implicava que a maior parte dos recursos disponíveis para financiamento provinha dos depósitos bancários e da poupança familiar acumulada. A liderança dos grandes bancos seria uma consequência de sua cobertura nacional, de sua estrita regulamentação e de sua capacidade de gerenciar a massa da poupança das famílias, ao tempo em que potenciava o acelerado processo de acumulação de capital chinês (Cintra, 2008, p.5-6).

De todo modo, a reforma bancária iniciada em 1995 procurou atacar os aspectos não competitivos da atividade bancária local e dar conta dos créditos duvidosos em mãos dos quatro bancos estatais. A nova legislação criou agências de supervisão do sistema bancário, normas prudenciais foram introduzidas e maior autonomia foi dada a esses bancos. Mesmo assim, os bancos estatais continuaram a expandir o crédito (consequentemente os créditos duvidosos) a taxas superiores às do crescimento do PIB, nos primeiros anos da década de 2000. Esse comportamento levou a China a se tornar um dos países mais endividados do mundo com uma razão percentual empréstimos/PIB da ordem de 140%. A concentração desses empréstimos em poucas empresas, o endividamento excessivo em setores-chave da economia e o superinvestimento trouxeram receio acerca dos retornos esperados ao longo do ciclo de investimentos. Como resultado, em 2004 o grosso dos créditos duvidosos foi baixado dos balanços dos bancos e transferido para uma gestora de ativos podres e o que restou passou a ser devidamente provisionado.

As etapas ulteriores da reforma implicaram recapitalização dos bancos comerciais, que propiciaram a injeção de capital estrangeiro por meio da emissão primária de ações em Hong Kong. Apesar dos avanços, o sistema bancário chinês ainda está sujeito a inúmeras restrições. O crédito bancário se submete a normas rígidas, que impõem pisos e tetos para as taxas de juros cobradas nos empréstimos. Como resultado da aceleração inflacionária em 2011, os depósitos usados para financiamento dos empréstimos foram remunerados com taxas de juros reais negativas. Isso estimulou, segundo alguns analistas de bancos e consultorias, o desenvolvimento de um *sistema financeiro paralelo* pouco regulamentado, formado por sociedades fiduciárias, empresas financeiras e firmas de *leasing*.

O Global Shadow Banking Monitoring Report 2012 do FMI define o sistema bancário paralelo em termos do crédito intermediado por entidades e atividades fora do sistema bancário regular. Esses analistas estimam que o crédito bancário oficial não vá além de 50% do total concedido e que continua concentrado em empresas estatais de médio e grande porte, vistas como de menor risco. As sociedades paralelas, porém, trabalham com juros superiores aos oficiais, que se tornam atrativos para empresas privadas e para famílias com poupanças financeiras. Uma parte significativa desses recursos seria canalizada para investimentos imobiliários e está na origem da persistente alta nos preços dos imóveis, um tema delicado no ambiente inflacionário recente (Sender, 2011).

Em resumo, a China tenta se equilibrar entre a determinação de manter o controle estatal sobre o núcleo central do sistema bancário e a busca de maior competitividade. Por isso, ela saneou os ativos "podres" dos quatro grandes bancos, abriu seu capital e atraiu sócios estrangeiros estratégicos. Além disso, descentralizou o crédito e concedeu maior liberdade de instalação a bancos estrangeiros para operações em moeda estrangeira e nacional. Apesar dessas iniciativas, o yuan permanece escasso e inconversível, ou com conversibilidade limitada, em contratos comerciais e financeiros. Não para poucos, se não houver uma efetiva abertura do seu mercado financeiro nos moldes ocidentais, o yuan terá importância ainda crescente no comércio exterior e nos investimentos, mas ficará restrito ao âmbito regional. O grande passo, que é transformá-lo em moeda-reserva relevante, pode não ocorrer no horizonte previsível (Cintra; Martins, 2013, p.290).

Impactos na governança mundial

Para tratar do tema da governança mundial, o momento atual não pode prescindir de analisar o G-20, cujo produto em 2012 (cerca de US$ 62 trilhões) foi da ordem de 86% do PIB mundial (cerca de US$ 72 trilhões), segundo base de dados do World Economic Outlook do FMI de abril de 2013. Seus participantes são os países do G-7 (Canadá, Alemanha, França, Itália, Japão, Reino Unido e Estados Unidos), a União Europeia e outros doze países, a maior parte dos principais mercados emergentes: Argentina, Brasil, China, Índia, Rússia, Indonésia, México, África do Sul, Turquia, Arábia Saudita, Austrália e Coreia do Sul.

Esse foro foi criado em 1999 como uma forma de envolver os países emergentes no resgate da credibilidade do FMI, que parecia estar se tornando uma instituição anacrônica após sua atuação durante a crise asiática (Silva, 2011a, p.332-335). Nos primeiros anos de sua existência, ele parecia destinado a ser somente mais uma dessas siglas com muita pompa e pouca circunstância. O G-20 só se tornou o espaço de discussão mais relevante para a governança econômica mundial quando, ao final de sua reunião em Washington, o então presidente George W. Bush declarou que o G-20, não mais o G-8, era o grupo adequado para enfrentar os desafios surgidos com o agravamento da crise financeira em 2008 (G-20 Information Centre, 2008, p.1).

Sua efetividade se tornou clara no encontro do G-20 em Londres, em abril de 2009, quando amplas medidas fiscais, monetárias e de crédito foram tomadas para enfrentar a crise e estimular o crescimento econômico, isto é, para o que era visto como uma possibilidade real de o mundo caminhar para uma depressão econômica. A beira do abismo foi uma boa conselheira para ação. Os recursos mobilizados foram da ordem de US$ 1 trilhão e incluíam uma duplicação de quotas do FMI para cerca de DES 477 bilhões ou algo superior a US$ 700 bilhões em valores da época. Também houve uma distribuição especial de DES aos países-membros, financiamentos ao comércio internacional e capitalização dos bancos multilaterais de desenvolvimento. Para encaminhar essas decisões, o FMI se tornou seu braço operacional.

Ações protecionistas e desvalorizações competitivas sofreram claras admoestações, segundo os parágrafos 12 e 22 da Declaração dos Líderes (G-20, 2009). Um dos focos mais importantes nesses quesitos foi a recomendação de os países ricos não usarem de protecionismo financeiro, que envolve retirada de capital dos países em desenvolvimento sob a desculpa de haver necessidade de cobrir buracos nas sedes das empresas. A questão da regulamentação do sistema financeiro não passou do plano das intenções, mas o caminho era correto, ao indicar a necessidade de refrear e não de amplificar os ciclos financeiros (G-20, 2009, parágrafo 14). Consistente com a ideia de que um sistema financeiro internacionalizado só pode ser supervisionado por uma entidade supranacional, foi constituída a Diretoria de Estabilidade Financeira junto ao FMI, como sucessora do Fórum de Estabilização Financeira (FSF, na sigla em inglês), com mandato reforçado para emitir alertas prévios de situações de risco macroeconômico e financeiro e sugerir as ações necessárias para enfrentá-las (G-20, 2009, parágrafo 15).

Foi afirmado que a regulação e supervisão deveriam abranger todas as instituições financeiras sistemicamente importantes, todos os instrumentos e todos os mercados. Pretendia-se, com isso, lançar o manto da presença pública sobre o sistema financeiro paralelo, mais particularmente sobre *hedge funds* e paraísos fiscais. Também as agências de classificação de risco deveriam ser supervisionadas, depois que fugiram a suas funções ao dar certificados de boa conduta a instituições e instrumentos financeiros carregados de lixo tóxico (G-20, 2009, parágrafo 15). Por tudo isso, o G-20 parecia incorporar as teses mais caras aos *experts* inconformados com os abusos da finança internacional.

Após o *tsunami* de medidas anticrise tomadas em Londres, era preciso deixar passar algum tempo para avaliar sua efetividade. Pittsburgh (setembro de 2009) e Toronto (junho de 2010) mostraram, como consequência, um perfil baixo, ainda que continuassem a encarnar o "espírito de Londres" ao atribuir alta prioridade à retomada do crescimento econômico e ao fortalecimento dos sistemas financeiros domésticos contra riscos. Na prática, porém, faltava acelerar a agenda de reformas, que repousava em quatro pilares (G-20, 2010a, parágrafos 17-22): introduzir uma forte estrutura regulatória e uma supervisão efetiva, dispor de ferramentas para enfrentar os problemas das instituições sistêmicas e uma abordagem transparente. A cooperação internacional começou a mostrar seus limites, à medida que as iniciativas de regulação nos Estados Unidos, Inglaterra e zona do euro foram tratadas como questões exclusivamente internas.

Toda essa movimentação recente na esfera multilateral, no G-20 em especial, trouxe avanços para os países emergentes como o Brasil, particularmente nas questões monetárias ligadas ao fortalecimento da base de recursos disponíveis do FMI. Houve aprovação e ampliação de uma linha de crédito flexível de resgate rápido em momentos de crise e de outra linha de crédito de caráter preventivo. Houve aumento de recursos no âmbito dos New Arrangements to Borrow (NAB), uma reserva de segunda linha criada em 1998 para ser utilizada quando as quotas do FMI fossem insuficientes.

Houve, finalmente, a decisão de aumentar as quotas do organismo. Em dezembro de 2010, em resposta à determinação do G-20 em Londres, os governadores do FMI aprovaram uma reforma nas quotas e na governança do organismo, completando a 14ª Revisão Geral de Quotas iniciada em 2008. As quotas dobraram de cerca de DES 239 bilhões para, aproximadamente, DES 477 bilhões. Mais do que 6% das quotas foram realocadas de países sobrerrepresentados, especialmente da Europa, para países em desenvolvimento, especialmente para os mercados emergentes dinâmicos. Por meio dela, a China se tornará o terceiro maior país-membro, ao tempo em que Brasil, Índia e Rússia também estarão entre os dez maiores países-membros.

A reforma deveria vigorar em janeiro de 2013 (FMI, 3/3/11), mas o Congresso dos Estados Unidos ainda não a aprovou. Inúmeras foram as manifestações de insatisfação, inclusive de Brasil e Rússia, na reunião do G-20 em Moscou em julho de 2013, reiteradas pelos líderes do G-20 em setembro, porque ela põe em risco novos aumentos previstos para serem concluídos em janeiro de 2014 por meio da 15ª Revisão (Valor, 2013a).

Informações da imprensa (Valor, 2013b) indicavam que o Tesouro norte-americano já teria sinalizado ser contrário a novos aumentos na nova revisão, enquanto não fosse resolvida a revisão anterior, que, por sua vez, só depende do Congresso. A pouca relevância dada ao caso pelos Estados Unidos pode ser um dos motivos que estimulam a busca de soluções alternativas para a baixa cooperação internacional em assuntos financeiros.

Embora o discurso dominante continue a falar de cooperação internacional, as indefinições com relação ao enfrentamento das questões de governança parecem estar tencionando excessivamente as relações entre economias avançadas e emergentes. O não encerramento da 14ª Revisão de Quotas do FMI é um exemplo marcante, porque já implicou comprometimento financeiro de países emergentes por meio de empréstimos temporários ao FMI no montante de US$ 75 bilhões: a China comprometeu-se com US$ 43 bilhões; Brasil, Rússia e Índia prometeram US$ 10 bilhões cada um; e África do Sul mais US$ 2 bilhões. Isso, no entanto, ainda não se converteu em aumento do poder efetivo de votos. Enquanto isso, em agosto de 2013, 73% do crédito em circulação da Conta Geral de Recursos (General Resources Account – GRA, na sigla em inglês) do FMI estava emprestado para Grécia, Portugal, Irlanda e Chipre. Eles representavam 90% da soma dos recursos contratados nos Acordos Stand-By (Stand-By Agreement – SBA), Acordos Estendidos (Extended Fund Facility – EFF) e Linha de Precaução e Liquidez (Precautionary and Liquidity Line – PLL). Em outras palavras, há uma forte concentração dos empréstimos do FMI na periferia europeia, os europeus mantêm um desproporcionalmente alto poder de voto e os emergentes não conseguem transformar sua crescente participação nos destinos do organismo em poder de voto ampliado, um assunto que o Congresso norte-americano parece estar empurrando para 2015.

Alguns movimentos interessantes começam, então, a se tornar claros. Os principais países emergentes, em especial aqueles que compõem os Brics, embora não necessariamente em ação conjunta, começam a se voltar para a tomada de decisões fora do âmbito das instituições multilaterais globais, em favor das instituições multilaterais regionais. Ngaire Woods (2013) menciona que o Banco Mundial aumentou seu capital em 30%, enquanto a Associação Internacional de Desenvolvimento (International Development Association – IDA, na sigla em inglês), seu braço voltado ao financiamento subsidiado para os países mais pobres, só recebeu 18% de acréscimo. Contrariamente, o capital do Banco Africano de Desenvolvimento e o do Banco Asiático de Desenvolvimento foram aumentados em 200% e o do Banco Interamericano de Desenvolvimento (BID) em 70%.

Em suma, os avanços de Londres 2009 redundaram em ressaca. Preocupações com sustentabilidade fiscal implicaram desaceleração das reformas e tendências unilateralistas voltaram a se manifestar. Um ano depois, nas reuniões do G-20 em Toronto (junho de 2010) e Seul (novembro de 2010), o dissenso voltou a ocupar seu lugar usual, porque nova preocupação se tornou dominante: o temor de generalização de uma crise de dívida soberana derivada dos programas de salvamento dos sistemas financeiros (Silva, 2013c, p.4-7).

Naquele ano, as economias avançadas assumiram o compromisso de cortar pela metade seus déficits fiscais até 2013 (G-20, 2010a), meta que o futuro mostrou ser inviável. Os documentos finais dos líderes nos encontros se limitaram a declarações genéricas a favor de taxas de câmbio determinadas pelo mercado, contra desvalorizações competitivas e a estimular as economias avançadas a atentarem para excessos de volatilidade e movimentos desordenados em taxas de câmbio (G-20, 2010b). As questões mais agudas para os países em desenvolvimento – volatilidade das taxas de câmbio e dos fluxos internacionais de capitais – foram postergadas para o encontro de Cannes em 2011. Naquele momento, não se foi além de remeter tais questões para um grupo de trabalho de estrutura, o Mutual Assessment Process (MAP), com apoio técnico do FMI. Tal indefinição contribuiu para aumentar o desconforto crescente de países que amargam excessiva valorização cambial e os incentivou a tomar medidas de caráter unilateral em defesa de suas contas externas.

O encontro de Cannes (novembro de 2011) aconteceu em novo momento crítico para a economia mundial. Ele ocorreu em um período-chave para o imperioso fortalecimento da capacidade financeira da zona do euro e do FMI à luz da crise europeia (G-20, 2011, p.2). A reação dos líderes do G-20, porém, foi oposta àquela tomada em Londres. Apesar das promessas de mobilização expressiva de recursos, não houve definição das fontes para cobrir as necessidades de recapitalização bancária e de rolagem da dívida de países da periferia europeia, assim como da Espanha e Itália.

A falta de consenso entre as lideranças europeias em determinar os rumos da superação da crise levou a que os países-membros de fora da Europa se recolhessem e não aprovassem aumento de aportes multilaterais significativos para o FMI. A mensagem foi clara: o problema da Europa teria de ser resolvido pela própria Europa. Países de fora da região, particularmente os emergentes, só posteriormente aceitaram aumentar os recursos disponíveis para a crise por meio de aportes ao fundo, ainda que em nível modesto frente ao que se configurava como um grande desastre europeu.

Los Cabos no México (junho de 2012) foi a continuação monótona de uma agenda esvaziada. Pouca credibilidade restava aos planos de ação que prometiam retomada de crescimento equilibrado e reforma do sistema financeiro internacional. Duvidoso era o crédito dado às afirmações de membros da zona do euro no G-20, que se comprometeram a tomar "todas as medidas necessárias para salvaguardar a integridade e estabilidade da área, melhorar o funcionamento dos mercados financeiros e quebrar a circularidade que realimenta títulos soberanos e bancos" (G-20, 2012, parágrafo 6).

As reuniões preparatórias para o encontro de ministros da Economia e presidentes de bancos centrais em Moscou, em 15 e 16 de fevereiro de 2013, foram marcadas pelo tema da volatilidade das taxas de câmbio e pela busca de compromissos de redução significativa dos déficits e das dívidas públicas dos países da zona do euro.

A questão cambial, uma demanda vocalizada especialmente pelos países emergentes, decorre da consciência dos efeitos deletérios para seus países em função das políticas de expansão monetária levadas a efeito por Estados Unidos, Reino Unido, zona do euro e Japão. O comunicado do encontro de Moscou (G-20, 2013a), porém, não foi além de reafirmar a necessidade de que as taxas de câmbio sejam determinadas livremente pelos mercados, de modo a refletirem os fundamentos econômicos (G-20, 2013), isto é, concordou-se em não usar a taxa de câmbio como instrumento de política monetária. Mera retórica.

A demanda por austeridade fiscal foi colocada pelo ministro das Finanças da Alemanha, Wolfgang Schäuble, em entrevista ao jornalista Assis Moreira (*Valor Econômico*, 15/2/2013, p.A16). Sua tese centra-se na percepção de que "uma crise de dívida soberana não pode ser resolvida por meio de maior endividamento e de estímulos ainda maiores pagos com déficit". Segue-se que o ministro defende não só a manutenção dos compromissos de Toronto (2010) de cortar pela metade os déficits orçamentários até 2013, como "também estabelecer novas metas de déficit e dívida para além de 2016". Essa posição não encontrou apoio de Estados Unidos, países emergentes e mesmo de países da zona do euro, de modo que novos estudos serão feitos no sentido de acessar os riscos de sustentabilidade das dívidas públicas, que incluam levar em conta circunstâncias específicas de cada país (idem, par. 10-11).

Moeda e crise econômica global

A reunião dos líderes do G20 em Moscou ocorreu num momento de mudança nas expectativas relativas à política monetária norte-americana, cuja antecipação pelos mercados já tem trazido desvalorizações cambiais expressivas em vários países emergentes com as consequentes pressões inflacionárias. Os principais desafios vistos para a economia global incluíram, dentre outros: a fragmentação do mercado financeiro europeu, que torna urgente a implantação de uma união bancária; a desaceleração do crescimento de algumas economias emergentes, por conta dos efeitos dos fluxos voláteis de capital; e o fraco crescimento e alto desemprego de vários países. Na prática, porém, a declaração dos líderes (G-20, 2013b) não avançou em termos de instalar estrutura regulatória sólida e supervisão efetiva, conforme compromissos assumidos na reunião de Toronto em 2010, porque a agenda de reformas continua a ser tratada pelos países avançados como questão doméstica.

Em resumo, as discussões no âmbito do G-20 logo após o agravamento da crise econômica global em 2008 foram frutíferas porque aproveitaram um raro momento de consenso a favor de medidas macroeconômicas e financeiras tendentes a evitar que o mundo tomasse o caminho da depressão. A memória de 1929 ajudou as autoridades mundiais a agir com rapidez em defesa da manutenção do nível de atividade econômica. Em pouco tempo, porém, esse ânimo arrefeceu e foi substituído pela decisão de enfrentar os desequilíbrios orçamentários impostos aos governos em função da magnitude dos programas de resgate financeiro. O surgimento de uma crise de dívida soberana provocou reversão da agenda internacional do G-20, no sentido de restauração da austeridade macroeconômica, uma tendência mais forte na zona do euro e menos nos Estados Unidos e nos países emergentes. A volta a um ambiente de fragmentação foi consequência dessas disparidades expressivas, agravadas pelas demandas de recém-chegados como os países Brics.

9
Abertura externa brasileira e integração financeira

Os temas comerciais, apesar de suas limitações, conseguiram mostrar números expressivos na integração da América do Sul. A agenda financeira de integração, ao contrário, tem pouco a apresentar no campo das realizações governamentais. O Convênio de Pagamentos e Créditos Recíprocos (CCR) é uma iniciativa da Associação Latino-Americana de Integração (Aladi), que se pretende substituir por um Sistema de Pagamentos em Moeda Local (SML), ainda incipiente. Na esfera privada, os passos foram mais substantivos no aspecto da internacionalização dos bancos brasileiros, que envolve países avançados, praças *offshore* e, em especial, países em desenvolvimento de sua própria região.

Levando em conta a experiência brasileira com abertura aos fluxos de capital, esse quadro talvez possa ser fortalecido por meio de eventual adaptação às condições locais de instrumentos monetários que estão sendo desenvolvidos na Europa e na Ásia. O caso aqui analisado enfatiza a constituição de fundos monetários regionais.

O capítulo tratará, portanto, de quatro pontos. Rapidamente, serão recuperadas as ideias que fundamentam os convênios de pagamentos, CCR e SML, e a expansão externa da banca brasileira. Em seguida, se partirá da experiência brasileira de abertura externa para colocar o ponto dos fundos monetários regionais.

Acordos de pagamentos em moedas locais

Na esfera financeira, uma questão que se impõe é o que fazer com o Convênio de Pagamentos e Créditos Recíprocos (CCR). Iniciativa latino-americana mais antiga em funcionamento, o CCR foi firmado em 1982 com o objetivo de promover a integração comercial e funciona como um sistema de compensação de pagamentos. Ele foi importante nos anos 1980, uma época em que os países da região estavam excluídos dos mercados privados de crédito e havia escassez de moeda estrangeira. Por conta disso, os bancos centrais envolvidos impuseram obrigatoriedade de canalização dos pagamentos regionais pelo CCR. A situação se inverteu nos anos 1990, quando os países da região já haviam sido reincorporados aos mercados privados internacionais. André Biancareli (2010, p.18-21) põe números: nos anos 1980, entre 70% e 80% dos valores do comércio regional estiveram sob o abrigo do CCR. Começaram a cair nos anos 1990: 40%, em 2001; 25%, em 2003; abaixo de 5%, após 2006 (Silva, 2013b, p.194-197).

O Sistema de Pagamentos em Moeda Local (SML) entre Brasil e Argentina entrou em operação em outubro de 2008 como uma tentativa de vir a ser o sucessor do CCR. Diferentemente deste, ele é um sistema destinado a operações comerciais em moeda local a brasileiros e argentinos. O Brasil assinou uma carta de intenções de pagamentos em moeda local com o Uruguai em 23 de outubro de 2009, que teve seu projeto de margens (limites de crédito que viabilizam sua operacionalização) aprovado no Congresso pela Lei n. 12.822, de 5 de junho de 2013. Já pode começar a funcionar. Tratativas estão sendo feitas com a Colômbia. Fora da região, a sistemática foi apresentada aos países que formam o bloco Brics.

A participação do comércio bilateral em moeda local ainda é pequena e praticamente toda ela representada por exportações de empresas brasileiras. O crescimento do valor das exportações brasileiras em reais foi bastante expressivo, passando de 2% das vendas à Argentina em 2009 para 6% em 2012 e 7% no primeiro trimestre de 2013. As exportações da Argentina para o Brasil em pesos, ao contrário, não têm qualquer expressão econômica. No acumulado entre outubro de 2008 e março de 2013, o volume das exportações brasileiras em reais atingiu mais de 99% do total das operações, o que significa que as exportações argentinas em pesos não alcançaram 1%. Isso pode se explicar pela tendência de valorização do real frente ao peso, o que leva os exportadores brasileiros a preferir o real, ao contrário da Argentina com relação a um peso que se desvaloriza. A lição que se pode tirar daí é que sistemas de pagamentos em moedas locais só parecem funcionar no longo prazo se essas moedas se mostrarem menos voláteis que a moeda global.

Internacionalização dos bancos brasileiros

Outra questão é a internacionalização dos bancos brasileiros, a partir da década de 1990, um tema que se insere no escopo da liberalização promovida por organismos multilaterais, como o FMI (Silva, 2013b, p.200-202). Segundo Freitas (2011, p.8-11), quinze bancos brasileiros possuem dependências no exterior: onze privados (Itaú-Unibanco, Bradesco, Votorantim, Safra, BBM, Pine, Daycoval, Industrial e Comercial, Indusval, Sofisa e Mercantil do Brasil) e três públicos (Banco do Brasil, Caixa Econômica Federal e Banco do Estado do Rio Grande do Sul). O número sobe para dezesseis se contado o Banco Nacional de Desenvolvimento Econômico e Social (BNDES), um banco de desenvolvimento que não capta depósitos do público. A presença da Caixa Econômica Federal e do BNDES no exterior é recente. Aquela abriu escritório de representação em Tóquio e Nova Jersey, em 2007, para atender às necessidades da expressiva comunidade brasileira, e em Caracas, em 2009. O BNDES abriu dependências externas em Montevidéu e Londres, para favorecer a internacionalização das empresas brasileiras e atrair investimentos estrangeiros para o Brasil. O escritório do Uruguai pretende, igualmente, favorecer o comércio entre os países do Mercado Comum do Sul (Mercosul).

Freitas (2011, p.31) afirma ainda que, com a eclosão da crise de 2007, houve um remanejamento da exposição ao risco dos bancos brasileiros: na média 2007-setembro de 2009, diminuiu a participação dos tomadores dos países desenvolvidos e elevou-se a dos centros financeiros *offshore* e dos países em desenvolvimento. Paralelamente, houve uma diminuição do estoque de direitos de bancos brasileiros no exterior entre 2007 e 2008, que voltou a crescer em 2009 (gráficos 10 e 11).

Uma atualização desses números para 2012 mostra que essas tendências se acentuaram. Após uma queda em 2008, o estoque de direitos de bancos brasileiros no exterior mostrou forte recuperação: de um total de cerca de US$ 42 bilhões em 2008, ele mais que dobrou para US$ 98 bilhões em 2012. Aparentemente, o período recessionista que afetou os Estados Unidos e a Europa foi, em parte, compensado por maior agressividade do capital financeiro nacional. Quanto à distribuição dos ativos externos brasileiros, percebe-se queda expressiva de 70% para 54% nos países desenvolvidos. Nos centros financeiros *offshore*, há um movimento pendular entre 2007 e 2012. Nos países em desenvolvimento, após uma forte queda da exposição em 2008, houve uma igualmente forte recuperação nos anos seguintes.

Gráfico 10 – Estoque de direitos de bancos brasileiros no exterior – US$ milhões

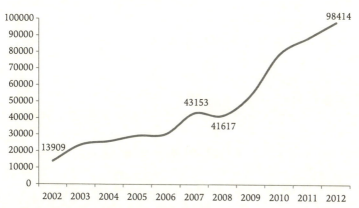

Fonte: BIS Quarterly Review, vários números.

Gráfico 11 – Distribuição percentual do estoque de direitos de bancos brasileiros no exterior

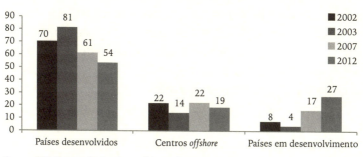

Fonte: BIS Quarterly Review, vários números.

Experiência brasileira com abertura aos fluxos de capital

O Brasil era um país muito fechado ao exterior até a década de 1980 com relação aos investimentos de portfólio, que, por sua característica de aplicações de curto prazo em bolsas de valores e em títulos de renda fixa, são identificados como os principais conformadores do capital especulativo. Os anos 1980 e 1990 inverteram esse quadro ao ampliar os horizontes da participação de capitais externos em ações em bolsas de valores, fundos de investimento e outros instrumentos financeiros. O processo de abertura chegou ao auge no início dos anos 2000, quando a regulamentação introduziu a igualdade de acesso aos mercados financeiro e de capitais brasileiros por parte de investidores não residentes (Vieira, 2005, p.182-202).

Foi na virada do milênio que se definiram os contornos básicos da presença do capital de não residentes em investimentos de portfólio que prevalecem até hoje. Exemplos disso foram a introdução do regime declaratório eletrônico e a eliminação de autorização prévia para contratação de empréstimos externos. Quando em 2005 foi feita a unificação dos dois mercados de câmbio então existentes – comercial e turismo –, completou-se a transição do regramento do capital estrangeiro no Brasil para um regime de abertura da conta financeira do balanço de pagamentos do país. Na ponta inversa, a regulamentação permitiu a captação de empréstimos com a emissão de títulos denominados em reais no mercado internacional e as aplicações de recursos nos mercados externos de capitais e de derivativos de pessoas físicas e jurídicas, com restrições apenas para instituições financeiras e fundos de investimento.

Tendo em conta as simplificações na área cambial, uma das formas de os países emergentes tentarem esquivar-se da crise de crédito tem sido vender bônus em moedas locais (Silva, 2013b, p.197-200). No caso do Brasil, dados do Banco Central mostram a composição da dívida externa registrada. Entre 2000 e 2012, o dólar respondeu, na média, por 79% da dívida externa. Ele perdeu peso entre 2001 e 2004, por conta das emissões de DES derivadas dos programas do FMI. Nesse último caso, a queda do dólar é apenas aparente, uma vez que ele representa 44% do peso do DES. Após a crise, confirmando que não houve fuga do dólar e sim para o dólar, o peso da moeda norte-americana só fez aumentar, atingindo 87% do total em 2012. O euro, o iene e os DES, por decorrência, perderam peso. A dívida externa em reais, por seu turno, começou a ganhar peso a partir de 2005, quando atingiu 2% do total. Depois de um pico de 8% do total em 2007, a participação do real recuou para a faixa dos 5% nos anos seguintes até 2012. Mesmo assim, com cerca de US$ 13 bilhões em 2012, o real já ultrapassou a importância do euro (US$ 12 bilhões) e do iene (US$ 6 bilhões), segundo a base de dados do Banco Central do Brasil (2013).

Apesar desse aspecto positivo, o passar do tempo deixou evidente que a acelerada integração financeira do Brasil à economia mundial não parece estar em consonância com os interesses mais amplos do crescimento econômico nacional. Tome-se o caso da China, por exemplo, que poderia ter sido fonte de uma grande lição para o Brasil. Mesmo levando em conta o porte de sua economia e o colchão propiciado por suas gigantescas reservas internacionais, ela tem procurado administrar a abertura de seus mercados financeiros e de capitais. A abertura aos fluxos financeiros internacionais, a suspensão dos controles na conta de capital e, consequentemente, a flutuação de sua moeda devem ocorrer como uma decorrência dos sucessos alcançados no crescimento econômico e no comércio exterior, não como uma antecipação a eles. Finanças devem servir a necessidades reais. As hesitações das autoridades governamentais chinesas em abrir sua economia prendem-se ao temor dos impactos que uma cultura de mercado, plena de operações especulativas, pode trazer a sua estrutura produtiva e comercial. Gallagher (2013, p.3) resume: "regulamentar os fluxos de capital é essencial para que a taxa de câmbio flutue de acordo com os fundamentos econômicos, ao invés de fazê-lo ao sabor dos caprichos irracionais da finança especulativa".

O Brasil e alguns de seus parceiros na América Latina não deram a devida atenção a essa experiência. Como consequência, enquanto nos mercados de câmbio as *moedas funding*, como dólar, euro, iene, franco suíço, por exemplo, estão associadas a baixas taxas de juros e são refúgios globais, as *moedas commodities* vivenciaram valorização nos anos 2000, porque melhoraram seus termos de troca e porque estão associadas a altas taxas de juros que se prestam a estratégias de arbitragem. O BIS acompanha sete delas na América Latina, das quais cinco se apreciaram: Brasil (36%) e Colômbia (34%) mostraram grande valorização real, seguidos pelo Peru (13%), enquanto Chile (2%) e Venezuela (2%) tiveram suas moedas próximas da estabilidade. As moedas desvalorizadas em termos reais foram o peso argentino (65%), que abandonou a conversibilidade no início dos anos 2000 e mantém essa tendência desde então, e o México (11%), uma economia muito atrelada à norte-americana (Gráfico 12).

Tendo em conta que a liberalização dos fluxos de investimento de portfólio para o Brasil ocorreu numa época em que o país estava excluído do acesso a recursos privados internacionais, o que não é mais o caso, o que fazer? Fundamentalmente, o Brasil deve ter uma política mais clara com relação aos controles de capitais, de modo a não ficar aprisionado às circunstâncias da conjuntura internacional. Para tanto, deve levar em conta que já há amplo consenso de que os fluxos livres de capital são voláteis, que cresceram muito além das necessidades de financiamento das economias emergentes, que são procíclicos – se não criam as crises, eles as potenciam – e, principalmente, que a maior responsabilidade por esse estado de coisas se deve aos movimentos dos capitais das economias avançadas.

Gráfico 12 – Variações das taxas médias reais efetivas de câmbio

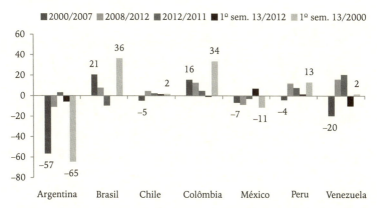

Fonte: BIS Effective Exchange Rate Indices, atualizado em 16 de julho de 2013.

Pesadamente afetadas pela crise financeira global, as economias centrais atribuíram aos países emergentes o papel de absorvedores da abundante liquidez que elas próprias criaram. Num primeiro momento, suas vulnerabilidades propiciaram uma tendência de mudança nas distribuições de investimentos de portfólio dos investidores institucionais para os países emergentes.

O enfoque-padrão ao tema do grau de liberdade aos fluxos internacionais recomendava a países sujeitos a grandes influxos de que empreendessem ajustes fiscais, deixassem suas moedas se apreciarem e relaxassem as restrições às saídas de capital. Tais recomendações não levavam em conta o fato de que políticas fiscais, sujeitas a aprovações orçamentárias, são lentas, pesadas e, portanto, inadequadas para enfrentar fluxos rápidos e instáveis de capital. Também não consideravam o "paradoxo dos fundamentos sólidos", em que ajustes fiscais que melhoram as contas públicas acabam por representar fator adicional de maior atração de capitais externos. Quanto à permissão para investir no exterior, não há dúvida de que isso alivia as pressões de curto prazo sobre a moeda nacional, mas representa, também, aumento da vulnerabilidade num estágio posterior (Batista Jr., 2012, p.93-102).

Iniciada a crise, a fragilidade conceitual do enfoque-padrão não resistiu à enorme expansão de liquidez promovida pelas políticas monetárias expansionistas dos bancos centrais dos Estados Unidos, Europa, Japão e Inglaterra. A forte queda nos juros das economias avançadas, que alargou o fosso com relação às taxas praticadas nos países emergentes, está na origem da rápida recomposição e redirecionamento dos fluxos externos para essas economias. Foi então que se começou a falar em crescimento econômico do mundo em "duas velocidades", baixo nas economias avançadas e mais rápido nos países emergentes. Por conta disso, muitas economias foram severamente atingidas por ondas de fluxos financeiros, porque foram induzidas a abrir prematuramente suas contas de capital. Quando veio a reversão dos fluxos, o impacto foi muito forte na Islândia e em vários países emergentes do Leste Europeu, por exemplo. O Brasil também sofreu por praticar juros básicos historicamente elevados.

Por isso, as sugestões do FMI no sentido de combater a valorização cambial com acúmulo de reservas devem ser vistas como superadas. Os custos dessa alternativa são muito elevados. O nível atual das reservas já é mais do que suficiente como seguro contra crises. Nesse quesito, também cabe o "paradoxo dos fundamentos sólidos", uma vez que reservas elevadas melhoram a percepção de risco dos investidores internacionais e os predispõem a novas rodadas de fornecimento de liquidez.

Para colocar a regulação da conta de capital num enfoque adequado, é necessário adotá-la nos estágios iniciais de processos especulativos, o que ajuda a não deixar os problemas se agravarem. Para tanto, é tempo de selecionar o tipo de capital que interessa ao desenvolvimento do país. Isso já vinha ocorrendo na procura mais recente por estabilidade cambial, na qual o Brasil se utilizou de instrumental variado, que envolveu restrições diretas e regulações prudenciais.

As mais importantes foram a utilização do Imposto sobre Operações Financeiras (IOF) com finalidade de controle cambial e a tributação das margens de transação nos derivativos em moeda estrangeira, ainda que essas operações tenham se reduzido muito talvez pela própria desvalorização do real. Na esfera da regulação prudencial, ele se valeu de medidas de restrição de crédito e de aumento de depósitos compulsórios. Era preciso ir além e adotar controles quantitativos dos fluxos de entrada de capital, que ajudam os países a selecionar capitais de longo prazo. O foco deveria ter sido posto, prioritariamente, nos investimentos de portfólio, meio preferencial para fluxos de entrada que buscam ganhos de curto prazo em diferenciais de juros e de câmbio.

Havia, portanto, espaço para adoção de restrições diretas e indiretas. As medidas diretas envolvem controles quantitativos e de preços. As medidas quantitativas têm por objetivo atrair capitais de longo prazo e podem ser de cunho administrativo ou assumir a forma de controles sobre o mercado de derivativos, como o fez a Coreia do Sul em 2010 e o Brasil em 2011. As medidas de preços têm por objetivo impedir o fluxo de capitais com a aplicação de impostos sobre sua entrada no país. Elas têm sido bastante comuns na América do Sul e foram adotadas pelo Chile, Colômbia (2007 e 2008) e pelo Brasil (2009 e 2012), além do Peru e, na Ásia, pela Tailândia. As medidas indiretas ou regulações prudenciais pretendem enfrentar, por exemplo, descasamentos de moedas nos balanços das instituições financeiras ou de empresas não financeiras e proibições ou limitações de posições em moeda estrangeira.

Há um debate acerca da eficácia dessas medidas. Wagstyl (2012, p.1-4) menciona trabalhos acadêmicos que defendem a posição que controles de capital só são efetivos se forem permanentes; controles temporários, episódicos, não teriam essa capacidade por uma série de razões. A principal delas parece ser que países com longa tradição de controle de capitais tendem a ter mercados financeiros menos desenvolvidos e, por conseguinte, menos opções para fugir aos controles. A evasão seria mais fácil nos países que já têm experiência nos mercados internacionais de capitais. Ou seja, é mais fácil para a China manter controles na conta de capital de seu balanço de pagamentos que o Brasil, cuja economia já é muito integrada aos circuitos mundiais.

Gallagher (2012), ao contrário, avaliou as medidas tomadas pelo Brasil em artigo para o *Financial Times*. No geral, seu diagnóstico foi positivo nas tendências de o país se prevenir do aumento do financiamento de curtíssimo prazo (*hot money*), que assume a forma de negociação com moedas e especulação imobiliária e com ações, que impactaram sua economia em 2010 e 2011. Além disso, as baixas taxas de juros nas economias avançadas propiciaram operações de arbitragem. Como já mencionado, os ganhos eram muito fáceis não só pelos diferenciais de taxas de juros como pela tendência de valorização da moeda brasileira, que alcançou mais de 40%, entre 2009 e 2011, o que contribuiu para a redução de seu crescimento econômico.

O autor concluiu que os esforços brasileiros foram moderadamente vitoriosos, em razão do forte aumento dos impostos em aplicações em ações, títulos de renda fixa e em derivativos em moedas. Tributar fluxos de não residentes em investimentos de portfólio nada trouxe de novo com relação às políticas de inúmeros outros países. O Brasil teria inovado, porém, ao tributar as margens de transação nos derivativos em moedas estrangeiras e em impor depósitos compulsórios nas posições curtas em dólares nos mercados à vista. A volatilidade da moeda nacional diminuiu e mudou a composição dos investimentos para prazos mais longos. Apesar disso, os números não chegaram a ser significativos. Para tanto, elas teriam de ser muito mais fortes. De todo modo, ele admitiu que os países em desenvolvimento não podem arcar sozinhos com o peso da regulação dos fluxos de capital, se nada for feito na fonte primária do financiamento de curtíssimo prazo, os Estados Unidos. O aprisionamento brasileiro à conjuntura internacional ficou claro no início do segundo semestre de 2013, quando houve uma inflexão na percepção mundial de que as políticas de relaxamento quantitativo estavam chegando ao fim, em função da provável superação da crise na economia norte-americana. O dólar voltou a se valorizar e a atrair para os Estados Unidos a corrente de capitais de portfólio. A liquidez diminuiu nos mercados emergentes, o que impactou na volatilidade das taxas de câmbio, ainda que em sentido inverso. Para atenuar o impacto negativo dos novos humores do mercado, num momento de aceleração inflacionária e de deterioração do déficit em conta corrente, que atingiu praticamente 4% do PIB até julho, o Brasil voltou a elevar a taxa básica de juros e suspendeu os controles tributários sobre os fluxos de capital e as operações com derivativos. Na realidade, o Ministério da Fazenda já havia aumentado em dezembro de 2012 o prazo mínimo das operações de pagamento antecipado de exportações e isentado as captações com prazo superior a um ano do IOF de 6%. Em junho de 2013, foi eliminado o IOF sobre investimentos estrangeiros de portfólio em renda fixa no mercado financeiro doméstico (IEDI, 2013c).

A constituição de fundos monetários regionais

Uma análise dos dados de exportações mundiais mostra alguns números interessantes. Já se viu que elas cresceram 85% nos anos 1990, 150% nos oito primeiros anos da década de 2000 e que, em 2009, como resultado da crise global, elas caíram 22%. Nos anos seguintes até 2012, elas voltaram a se ampliar: 46%. Excluídas as posições marginais das economias em transição do socialismo ao capitalismo, a distribuição percentual das exportações era muito desigual: 72% do total para as economias desenvolvidas e 24% para as economias em desenvolvimento em 1990. Essa posição relativa diminuiu muito: 51% para aquelas e 44% para estas em 2012. Sintomática dos deslocamentos regionais do comércio é a constatação de que as exportações intrarregionais na Ásia cresceram de 42% para 54% do total, entre 1995 e 2012, enquanto se manteve estável em 20% na América. Na América do Sul, porém, houve uma queda de 25% para 19%. Esses últimos dados se explicam pela invasão de produtos chineses na região e refletem, em boa medida, a estagnação relativa das exportações brasileiras, 1% do total mundial em 1990 e 1,3% em 2012, enquanto a China avançou de 2% para 11%, em igual período (Unctad, 2013).

Tendo as tendências comerciais como pano de fundo, há desafios a enfrentar quando se pensa o necessário aprofundamento da integração regional na América Latina. Tempos como os que correm nublam as possibilidades de avanços. Tendências protecionistas e utilização de subsídios governamentais prejudicam o equilíbrio das contas externas, enquanto políticas centradas em austeridade fiscal jogam a zona do euro em recessão, ao tempo em que os Estados Unidos trilham o caminho inverso e expandem a moeda com o propósito de evitar a desaceleração econômica. Nesse ambiente de incerteza crescente, a zona do euro e a Ásia têm algo a ensinar à América Latina na esfera dos assuntos monetários: a constituição de fundos monetários regionais, com foco preferencial nos países mais débeis financeiramente.

Na zona do euro, foram criados dois desses fundos: o Fundo Europeu de Estabilização Financeira (EFSF) em 2010, a princípio provisório e depois permanente, e o Mecanismo Europeu de Estabilização (ESM) em 2012, que já nasceu permanente. Embora eles captem recursos de investidores internacionais para financiar a rolagem da dívida de seus países em crise, eles são, também, instrumentos de caráter fiscal. Sua capacidade somada de empréstimos é próxima de € 1 trilhão. Na Ásia, foi constituído em 2010 um fundo monetário no âmbito da Iniciativa Chiang-Mai, para proteção dos países da Asean. Menor que os fundos europeus porque não há pressões imediatas de crise em seus países, este contou inicialmente com recursos da ordem de US$ 120 bilhões, que em 2013 foram dobrados para US$ 240 bilhões, sendo de 80% as contribuições da China (32%), Japão (32%) e Coreia do Sul (16%) e de 20% a dos outros dez países da região.

A criação de fundos monetários regionais na Europa e na Ásia aponta para uma nova estruturação da governança mundial: o G-20 no centro; o FMI, como seu braço operacional e os fundos regionais como linha de defesa contra crises financeiras. Eles representam, na prática, emprestadores regionais de primeira instância e revelam, pela distribuição de suas contribuições, um claro compromisso de suporte às economias de menor desenvolvimento relativo de suas esferas de influência.

Os Brics tomaram a iniciativa de criar um fundo monetário próprio, que, por definição, não se liga a qualquer região do mundo. Em reunião à margem do encontro do G-20 em Moscou, em julho de 2013, o diretor brasileiro junto ao FMI, Paulo Nogueira Batista Jr. (2013c), informou que houve avanços consideráveis na negociação de um Acordo Contingente de Reservas (Contingent Reserve Arrangement – CRA), assim como nas discussões acerca da criação de um Novo Banco de Desenvolvimento (New Development Bank, NDB), que tem sido chamado de Banco dos Brics. Essas iniciativas se justificariam, em sua opinião, porque já não existe mais a mesma cooperação que ocorreu em 2008 a 2010 entre países avançados e emergentes. Há subentendida aqui uma decisão que deriva, talvez, do pouco-caso que os Estados Unidos estão dando à finalização da mudança no poder de voto do FMI, definido na 14ª Revisão de quotas. A coordenação dos trabalhos do CRA ficou a cargo do Brasil, que procurou fechar as negociações até 2014, enquanto a do Banco dos Brics foi conduzida pela África do Sul.

Em Durban, África do Sul, os líderes dos Brics concluíram que o estabelecimento de um CRA autoadministrado teria um efeito preventivo positivo, ajudaria os países membros do bloco a evitar pressões de liquidez de curto prazo, prover apoio mútuo e fortalecer a estabilidade financeira. O CRA também poderia contribuir para fortalecer a rede de proteção financeira global e complementar os arranjos internacionais existentes como uma linha adicional de defesa. Na definição de seu porte, o capital inicial será de US$ 100 bilhões, com compromissos diferenciados entre seus participantes: a China proverá 41% do total, Brasil, Índia e Rússia 18% cada e a África do Sul 6%. Já o Banco dos Brics tem sido discutido no escopo do insuficiente financiamento de longo prazo e do investimento direto estrangeiro, especialmente para atender às necessidades de infraestrutura de seus membros com o montante do capital inicial fixado em US$ 50 bilhões. A estrutura do capital, que implica a determinação do poder de voto, e a abrangência em termos de quem poderá ser sócio são questões ainda em aberto (Brics Information Centre, 2013, p.1).

O que se evidencia é que a estrutura proposta, banco de desenvolvimento e fundo monetário, que foi aprovada em Fortaleza em julho de 2014, fica próxima da tradição das instituições regionais que surgiram após a criação do Banco Mundial. Neste, coexistem um banco que pratica taxas de juros "cheias" e um fundo com taxas de juros subsidiadas; o primeiro para os países em desenvolvimento de renda média e média-alta e o segundo para os de renda média-baixa e baixa. O Banco Interamericano de Desenvolvimento (BID), o Banco Asiático de Desenvolvimento (BASD) e o Banco Africano de Desenvolvimento (BAD) também seguem essa norma.

O mesmo vem sendo pensado para a região desde os anos 1990. Um dos pontos em destaque foi o do voto igualitário nas instâncias políticas do Mercosul. Essa abordagem foi básica para a assinatura do Tratado de Assunção, mas acabou por impor limites estreitos a aprofundamentos posteriores. Como muito se discutia a necessidade de harmonização dentro do bloco, os países maiores nunca admitiram submeter sua política macroeconômica a um foro supranacional, como o Conselho Mercado Comum, em igualdade de condições aos países de menor desenvolvimento relativo.

Para começar a alterar esse quadro paralisante, discussões foram feitas no sentido de transformar o Fonplata (Fundo Financeiro para o Desenvolvimento da Bacia do Prata) em um Banco do Mercosul, com o objetivo de financiar a infraestrutura física da integração, auxiliar no redirecionamento produtivo dos setores deslocados por esse processo e tornar mais competitivas as pequenas e médias empresas, capacitando-as a gerar mais empregos.

À época, o poder de voto no Fonplata se distribuía em um terço para o Brasil, um terço para a Argentina e um terço para Uruguai, Paraguai e Bolívia. Encontros à margem da reunião do Mercosul em Fortaleza (dezembro de 1996) e do BID em Barcelona (março de 1997) culminaram com a assinatura de uma declaração ministerial na cidade espanhola, em que os países do Fonplata concordaram com o princípio do voto proporcional aos aportes de capital, desde que fosse garantida aos países menores uma maior alavancagem de recursos, medida pela relação percentual empréstimos/capital aportado, que a dos países maiores. Apesar desse possível avanço institucional, a criação do Banco do Mercosul não prosperou porque aqueles foram anos em que prevaleciam políticas amigáveis ao mercado e porque a criação de novos bancos públicos de desenvolvimento não estava na agenda dos governos da região.

Nos anos 2000, o assunto da constituição de um Banco do Sul voltou à baila. A Venezuela tomou a dianteira na iniciativa e, em certo sentido, polarizou as discussões com o Brasil. De um lado, a Venezuela propunha uma abordagem mais política, de crítica mais aberta ao desempenho dos bancos multilaterais de desenvolvimento e a seus critérios de concessão de empréstimos, que impunham condicionalidades macroeconômicas. Do outro, o Brasil preferia reforçar a estrutura institucional já existente na região, onde a Corporação Andina de Fomento (CAF) – posteriormente denominada Banco de Desenvolvimento da América Latina – gozava de boa cotação junto à comunidade financeira internacional. Por isso mesmo, o Brasil já havia se tornado sócio pleno dela. A primeira queria um banco de caráter social aberto a operações subsidiadas e com recursos integralizados por meio das reservas internacionais de cada país; o segundo tinha como perspectiva um banco voltado ao financiamento da infraestrutura física da região, com administração profissionalizada que visasse à sustentabilidade financeira do organismo, com recursos buscados junto ao mercado financeiro internacional.

A ata de fundação do Banco do Sul foi assinada em dezembro de 2007 por Argentina, Brasil, Venezuela, Bolívia, Equador, Paraguai e Uruguai, o que significou restringir sua atuação ao âmbito da União das Nações da América do Sul (Unasul), conforme Elia Elisa Mancini Cia (2012, p.79-105). Em dissertação de mestrado aprovada na Unicamp, a autora expõe as divergências levantadas quanto à estrutura de capital do novo organismo e o poder de voto que cada membro teria. Acabou prevalecendo a posição favorável a aportes de capital diferenciados por tamanho de país, mas com poder de voto igualitário, que é o oposto das antigas posições do governo brasileiro e o que não se encontra em nenhum outro organismo financeiro. Concretamente, a questão da aprovação do convênio constitutivo do Banco se encontra em análise no Congresso brasileiro, sem prazo para definição.

Dois outros pontos também foram abordados nas discussões do Banco do Sul: a eventual adesão ao Fundo Latino-Americano de Reservas (Flar) e a criação de um fundo de redução de assimetrias nos moldes do Fundo para a Convergência Estrutural e Fortalecimento Institucional do Mercosul (Focem).

Moeda e crise econômica global

Antes, porém, talvez seja interessante mencionar que, na esfera dos processos regionais de integração econômica, o evento mais recente foi a criação da Aliança do Pacífico em Antofagasta (Chile), em junho de 2012, um bloco comercial formado pelo Chile, Colômbia, Peru e México, mais a Costa Rica de adesão já aprovada. O fato em si mexeu com sensibilidades regionais seja pelos números envolvidos, seja por percepções diferenciadas do alcance que se pretende para esses movimentos.

Quanto à expressão econômica, para um total acumulado do Mercosul com a Aliança do Pacífico, já incluída a Costa Rica, na média dos anos mais marcantes da crise global de 2008 a 2012, o PIB somou US$ 4,643 trilhões; a população, 493 milhões habitantes; os fluxos líquidos de investimento direto estrangeiro, US$ 124 bilhões; e a exportação de bens e serviços, US$ 857 bilhões. A distribuição percentual desses indicadores está no Gráfico 13, que deixa claro haver pesos relativamente próximos particularmente na abertura externa ao comércio e nos investimentos diretos.

Gráfico 13 – Blocos de integração na América Latina – % do total na média 2008-2012

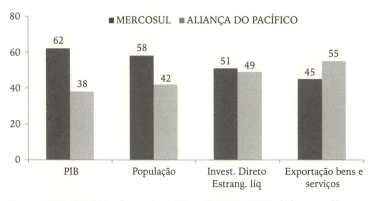

Fontes: FMI, WEO Database, abr. 2013; e UNCTADSTAT, dados extraídos em 26 de julho de 2013.

Ramalho (13/7/2013) ressalta tendências de convergência na existência de um significativo volume de investimentos e de comércio entre países dos dois blocos. A Aliança do Pacífico, por exemplo, anunciou liberalização comercial em 90% dos itens do universo tarifário, um nível já alcançado e consolidado no Mercosul. Politicamente, Chile, Colômbia e Peru, integrantes daquele bloco, já estão associados a este, da mesma forma que Uruguai e Paraguai já se sentam como observadores na mesa de reuniões daquela. É certo que há diferenças no que se refere ao alcance social das iniciativas. Por ser um bloco puramente comercial, a Aliança do Pacífico não abriria espaço para pensar a região numa perspectiva mais ampla, mas a questão da integração não deveria ficar aprisionada a um modelo de facilitação de comércio de matérias-primas e sim como uma possibilidade de integração de cadeias produtivas, como pretenderia o Mercosul (Cúpula Social do Mercosul, 2013). O fato de se constituir em uma união aduaneira, porém, não tem evitado entraves na condução de questões importantes, como as listas de exceção em comércio e a impossibilidade de negociar isoladamente acordos comerciais com outros países e regiões.

Dentro de uma perspectiva negocial, as restrições colocadas no plano mais alto da constituição dos blocos não parecem ser suficientes para impedir a construção de instrumentos operacionais de interesse para a região, à luz das históricas interligações entre os países. Diz o povo que não se escolhem parentes e vizinhos. Como se partilha o mesmo espaço geográfico, o melhor parece ser explorar as aproximações que focar nas dissensões. Uma delas é a constituição de um acordo monetário nos moldes daqueles que estão sendo construídos nas diversas zonas monetárias do mundo.

Na América do Sul, o mais próximo que se chega dessas iniciativas é a existência do pequeno Fundo Latino-Americano de Reservas (Flar), que é um foro de cooperação monetária entre os bancos centrais da Bolívia, Colômbia, Costa Rica, Equador, Peru, Uruguai e Venezuela. Como se vê, a conexão entre países dos dois blocos é flagrante. Ele foi fundado em 1978 em Bogotá, Colômbia, como Fundo Andino de Reservas (FAR) e transformado no Flar para permitir a participação de todos os países da América Latina. Seu capital subscrito é de pouco mais de US$ 3 bilhões, com 60% de suas contribuições distribuídas entre Venezuela, Colômbia e Peru e 40% entre Costa Rica, Equador, Bolívia e Uruguai.

A vantagem de se estabelecer um fundo monetário na região é a de internalizar parte das soluções às recorrentes crises financeiras e, com isso, diminuir a importância do FMI, que impõe fortes condicionalidades macroeconômicas em seus pacotes de resgate financeiro. A Iniciativa Chiang Mai, por exemplo, dá acesso livre a seus recursos até 20% mediante simples solicitação; só acima desse limite é que há necessidade de apresentar garantias (César, 2012, p.122). O CRA que os Brics negociam também parece sensível à necessidade de fornecer recursos para enfrentamento de crises sem a imposição de condicionalidades que mais escravizam que libertam.

Apesar da boa avaliação de risco dos recursos que administra, o porte do Flar é limitado. Uma alternativa para os países do Mercosul e da Aliança do Pacífico seria aderir a ele ou propor uma alternativa. Isso não resolveria eventuais problemas de liquidez para os maiores países da região, mas representaria um compromisso político e propiciaria aumento significativo do *escudo de proteção* às economias mais vulneráveis da região. Para o Brasil, um benefício indireto estaria no aumento da importância regional de sua moeda.

O Focem/Mercosul, por outro lado, tem por finalidade reduzir as assimetrias do processo de integração regional no Cone Sul e estimular a coesão social entre os países-membros. Ele foi estabelecido em 2005 com vigência de dez anos, pelo menos. Seus recursos têm caráter não reembolsável e somam

US$ 100 milhões por ano, aportados na proporção de 70% para o Brasil, 27% para a Argentina, 2% para o Uruguai e 1% para o Paraguai. A destinação desses recursos privilegia os países de menor desenvolvimento relativo, de modo que 48% são para o financiamento de projetos paraguaios, 32% uruguaios, 10% argentinos e 10% brasileiros (Focem, 2008).

As intenções são boas, mas a dimensão das iniciativas não fala a favor do grau de importância que deveria ser dado às iniciativas monetárias e financeiras da região.

10
Algumas palavras (in)conclusivas

De tudo que aqui foi tratado, quatro questões chamam atenção por suas amplas implicações para o mundo, a região e o país. Servem como fechamento do texto.

Regulação financeira e ciclo

É possível distinguir um ciclo político-econômico na economia norte-americana, que alternaria períodos de regulação com períodos de liberalização.

A desordem econômica e financeira dos primeiros anos do século XX, que apresentou tendências protecionistas e desvalorizações competitivas de câmbio, decorreu do fim do sistema monetário do padrão-ouro libra. Os abusos dessa falta de ordem levaram à crise de 1929. A saída foi propiciada pela Segunda Guerra Mundial, mas também passou pela instituição de forte regulação financeira (Lei Glass-Steagall de 1933) e econômica (Acordo de Bretton Woods de 1944), com a imposição de taxas de juros fixas, taxas de câmbio administradas e controle dos fluxos de capital de curto prazo. A nova ordem econômica e a subordinação do capital financeiro à esfera produtiva propiciaram um auge ao capitalismo industrial do pós-guerra, que durou até 1973.

Os demais anos da década de 1970 foram, de certa forma, uma época de transição. Por um lado, a recuperação das economias alemã e japonesa e, por outro, os desequilíbrios orçamentários dos Estados Unidos, decorrentes da Guerra do Vietnã e dos dois choques do petróleo, representaram um ponto de inflexão na até então indisputada *Pax Americana*. A fragilização econômica da superpotência abriu caminho a um novo período de desregulação no início dos anos 1980, com a posse de Ronald Reagan, dois anos após a ascensão da igualmente liberal Margaret Thatcher no Reino Unido. *En passant*, talvez faça algum sentido a velha anedota que afirma sempre haver um inglês pensador por trás de um norte-americano fazedor. Em seu discurso de posse, em 20 de janeiro de 1981, Reagan diagnosticou que "indústrias ociosas lançaram trabalhadores ao desemprego, à miséria humana e à indignidade pessoal. Àqueles que trabalham foi negado um retorno justo em seu trabalho por um sistema tributário que penaliza empreendimentos vitoriosos e os impedem de manter produtividade plena". Em passagem marcante, ele afirmou: "Na crise atual, o governo não é a solução de nosso problema; o governo é o problema" (Reagan, 1981).

Simbolicamente, esse momento pode ser tido como o início do período considerado neoliberal. Os franceses preferem denominá-lo de era do pensamento único. O neologismo não é importante; o importante é que Reagan foi tão fundo no desarme das instituições de regulação que abriu as portas a uma desenfreada especulação financeira. A crise financeira iniciada em 2007 é fruto do esgotamento desse sistema. Ao contrário, porém, da forte regulação que se seguiu à maior crise do século XX, a até agora maior crise do século XXI não introduziu nova regulação satisfatória.

Nos Estados Unidos, a Lei Dodd-Frank de 2010 é um calhamaço enorme, que deixou de fora vários temas que estiveram na origem da crise e que precisa ser regulamentado por cinco órgãos distintos de governo: a regra *Volcker*, que impede transações de tesouraria dos bancos com recursos próprios só foi regulamentada recentemente, mas não as normas para derivativos e regulamentos para fundos de empréstimos de curto prazo, por exemplo, conforme Simon Johnson (2013). Sabe-se lá quando o serão.

Pragmaticamente, o presidente Barack Obama optou por inundar o mundo de dinheiro e pouco cobrar da finança internacionalizada, como um aumento insuficiente da base de capital dos bancos, na esperança de que, com o tempo, a "tempestade perfeita" passasse e as coisas voltassem a seu lugar. Por isso, analistas já enfatizam que a normalidade está à vista.

A principal consequência disso é a enorme insatisfação mundial, que decorre do fato concreto de que "pode acontecer de novo", de ninguém ter sido punido e de que a conta recaiu somente sobre os ombros da população, em particular de suas camadas mais débeis, sob a forma de concentração de renda e riqueza, desemprego, redução de salários e cortes de aposentadorias. Apesar de marcadas diferenças, os movimentos populares na Grécia e Portugal, os "indignados" na Espanha, o "Movimento Cinco Estrelas" de Beppe Grillo na Itália, o "Occupy Wall Street" e os estudantes no Chile têm em comum um sentimento de revolta contra sistemas políticos incapazes de representar seus anseios. Embora em outra chave, também se ouvem ecos de forte insatisfação nos países da "Primavera Árabe". O sentimento não é gratuito, porque as democracias representativas não mostraram força ou empenho suficiente para se imporem à avassaladora vitória do capital financeiro. Ao contrário da crise de 1929, quando os sistemas financeiros eram primitivos a ponto de não haverem ainda nem mesmo ocupado toda a extensão territorial dos seus Estados nacionais, na atualidade não foi possível recomeçar uma nova fase cíclica de capitalismo regulado. A essência da crise política pode estar, portanto, na submissão ao poder econômico expresso por seus segmentos financeiros que, desde então, assumiram uma dimensão internacional hegemônica. No Brasil ocorre a mesma coisa. O poder econômico domina as formas de representação política de modo categórico. Nesse sentido, os movimentos de rua de 2013 podem ser somente uma adesão tardia ao que já vem acontecendo no resto do mundo. Tardia, mas bem-vinda.

Estreitamento do tempo e fragilidade financeira

Passados quase seis anos do início da crise financeira nos Estados Unidos, a imprensa começa a noticiar o "renascimento" de Wall Street, após um período de fusões, incorporações, reestruturações, grandes baixas contábeis de ativos tóxicos, acordos judiciais e aumentos de capital (Braithwaite; Alloway, 2013).

O apoio financeiro do governo norte-americano para tanto foi ilimitado. Aos poucos, os balanços patrimoniais se mostram mais robustos, a qualidade dos créditos parece ter melhorado e o capital está maior. É grande a tentação para concluir que o risco está em queda, particularmente se for abstraída a constatação de que a melhora apresentada decorre da retomada das mesmas transações de alto risco em valores mobiliários que geraram a crise. Há reclamações de que as receitas estão menores e ainda muito distantes dos velhos bons tempos. Para não perder o estilo, os bancos insistem no mantra de que a regulamentação está "acabando conosco". Entende-se. Numa época de profundas insatisfações, não é de bom tom anunciar expressivos resultados, principalmente se daí decorrerem bônus generosos para os dirigentes. Como ainda há muito dinheiro represado no sistema, com empresas com caixa cheia e consumidores com menor nível de endividamento, pode-se esperar que os temores se dissipem aos poucos e o quadro geral do mercado financeiro aparentemente se firme.

E então, a máquina financeira vai continuar a rodar da mesma velha forma? Bem, por que não? É preciso não esquecer que os programas norte-americanos de resgate do sistema financeiro nacional, seja com George W. Bush seja com Obama, se basearam num diagnóstico de crise de liquidez, não de solvência. Se uma abordagem do tipo "desastre perfeito" entende que tsunamis na Indonésia e New Orleans e tornados em Oklahoma são fenômenos incontroláveis e raros, por que as crises financeiras seriam diferentes? Após um período de arrumação da casa, o que haveria de errado em retomar o *business as usual*? Afinal, a crise é de conjuntura, não de estrutura. Ou não?

Não se deve, porém, cair na tentação de atribuir visão primária de finanças às equipes de governo. Membros influentes do governo Obama, como o ex-secretário do Tesouro, Paul Geithner, sempre defenderam a manutenção de um sistema financeiro forte como parte indissociável do projeto norte-americano de poder. Ele não está sozinho nessa questão, que nem é nova. De há muito se sabe que na época do capitalismo industrial do pós-guerra a hegemonia norte-americana se baseava na liderança tecnológica e industrial, com a dominação financeira em plano menor. Os anos do capitalismo financeiro começados em 1980 provocaram uma inflexão nessa hegemonia, que manteve a liderança tecnológica, mas passou a depender mais de finanças, por meio da internacionalização dos sistemas financeiros domésticos que têm sido capitaneados pela banca norte-americana.

Decorre daí que a instabilidade financeira inerente ao capitalismo sepultou as tentativas de construção de um capitalismo regulado. Em horas como essas, é fundamental entender a visão de Minsky, que envolve uma percepção de criação endógena de risco sistêmico. Isso significa que o risco não é atribuível exclusivamente a uma determinada instituição, mas é resultado de como o sistema evolui no tempo e muda suas estruturas em resposta à regulamentação e à inovação. Em outras palavras, não se pode pensar a liquidez, consequentemente o risco, como sendo uma propriedade de um ativo particular, mas como fruto de decisões privadas tomadas em ambiente de incerteza. "Trata-se, portanto, de um fenômeno sistêmico, no sentido de que é resultado de um ambiente em que as decisões estratégicas dos protagonistas são miméticas e estão precariamente apoiadas em expectativas a respeito das expectativas dos demais" (Belluzzo, 2012, p.150).

Não há como pensar em uma volta à época em que o sistema financeiro era apenas funcional à estrutura produtiva e comercial do país. Aquele foi um período em que os horizontes de negócios eram mais largos e as remunerações dos dirigentes se baseavam na rentabilidade que suas intervenções traziam para o banco. Na contemporaneidade, o estreitamento do tempo impõe que as operações sejam fechadas o mais rápido possível e é sobre a capacidade de os agentes trocarem posições nos mercados que repousa toda a estrutura de suas compensações financeiras. Isso os leva a assumir riscos cada vez maiores, ainda que estes recaiam preferencialmente sobre os investidores e as instituições, mas nunca sobre si mesmos.

Não era possível, portanto, reduzir a questão a uma regulação que subordinasse os sistemas financeiros aos propósitos produtivos da sociedade. Era necessário enfrentar o próprio centro do poder atual, o capital financeiro. Como entre ratos não há candidatos a colocar o guizo no pescoço do gato, o fim de uma era de ajustes e de retorno aos lucros implica meramente a volta a uma forma especulativa e instável de atuação. É, então, possível que essas crises se repitam? Sim, é não só possível como faz parte da própria lógica do sistema, assim como picar é da natureza do escorpião.

Futuro do dólar e inércia monetária

Tudo leva a crer que menos por suas virtudes e mais pelos pecados de seus rivais, o dólar ainda deve ficar no centro do sistema por muito tempo. O euro, já foi aqui sugerido, é "moeda sem Estado", moeda inconclusa. A zona do euro é a segunda maior região econômica do mundo e seus mercados financeiros e de capitais chegam a rivalizar em profundidade com os norte-americanos. Se somado o poder de voto de seus países no FMI, após aprovação da reforma de 2010, o total será por volta de 21%, contra algo como 17% dos Estados Unidos. Ainda é mais que qualquer outro país isolado e só perde para a "União Europeia 28", que inclui os dez países que não adotam o euro, cujo poder de voto será de 29% depois da mesma reforma.

Apesar da magnitude desses números, nenhum país fala pelo euro. Para fazê-lo, é preciso avançar na federalização da região, que inclui temas já encaminhados como a constituição de fundos monetários regionais, de outros que encontram alguma resistência política (centralização bancária) e de questões que enfrentam grande resistência (emissão de títulos de dívida por um tesouro europeu). Se os empecilhos forem removidos, é possível que, a exemplo de todos os outros países-membros do FMI, a zona do euro se faça nele representar por uma única diretoria indicada por um governador da instituição, na figura de um representante da Comissão Europeia e do governador--alterno, o presidente do Banco Central. Isso fortaleceria a posição do euro no sentido de conformar uma moeda plena.

O problema com esse "cenário encantado" é que a União Europeia é, originariamente, um projeto de união entre desiguais, de convivência democrática entre culturas e estágios diferenciados de desenvolvimento. Os países menos desenvolvidos, não por acaso aqueles que estão sofrendo mais agudamente com a crise, desconfiam de formas mais intensas de integração fiscal e manifestam tal desconfiança ao afirmar que "mais Europa" pode significar apenas "mais Alemanha". Os próprios países mais desenvolvidos também rejeitaram em anos anteriores à crise um aprofundamento político da região. Ou seja, é possível especular que a integração europeia só se sustenta como ideia se mantiver a diversidade de seus Estados componentes, mas, para ter moeda forte, ela teria de abrir mão dessa multiplicidade cultural e econômica. Em meio a esse incontornável Suplício de Sísifo, o euro continuará sendo moeda relevante, especialmente na sua própria região. Com a possível continuidade da estabilização, também se manterá como importante moeda de reserva mundial. Não será, porém, moeda de mesmo nível que o dólar, cujo Tesouro e Banco Central continuarão a desempenhar um papel dominante nos assuntos mundiais.

O yuan, ao contrário do euro, é moeda inconversível por ter "Estado demais". Dentre as maiores economias mundiais, ela é a única moeda que não se constitui em divisa internacional. As autoridades chinesas percebem a extensão dos problemas que derivam do centralismo governamental de sua política cambial e das limitações de seu sistema financeiro. O fato de não ser uma moeda conduzida pelas regras do mercado impõe ao yuan sérias limitações, apesar do porte da economia, da amplitude do comércio e do nível das reservas.

A cautela com que o país procura conduzir a conversibilidade de sua moeda se explica pelo regime de acumulação capitalista no Ocidente, que se tornou mais instável ao visar ao aumento do valor da riqueza financeira por meio da expansão acelerada do crédito a taxas muito baixas de juros. Sua pretensão era fazer o consumo crescer a taxas superiores às da renda e dos salários. A enorme acumulação de reservas pelos países emergentes ocasionou uma inversão na direção dos fluxos internacionais de capital, que fluíam historicamente do centro para a periferia. Agora, bilhões de dólares fluem da China e de outros países exportadores para os Estados Unidos e acabam exercendo papel importante no fornecimento de combustível à expansão do crédito, depois multiplicado pelos grandes bancos com o uso de inovações financeiras (Aglietta, 2012, p.15). É por isso que Belluzzo (2012, p.157) afirma ser ilusório o financiamento do déficit norte-americano pelas reservas dos países emergentes. O que de fato ocorre é um movimento circular que nasce em fluxos de entrada de capitais nos Estados Unidos e que são direcionados como crédito para os consumidores norte-americanos. Daí resulta o déficit em conta corrente e são os fluxos de reservas que fecham esse circuito.

Nos países do Oriente que sofreram na carne o impacto da crise asiática e na China, tornou-se evidente o temor com relação à natureza especulativa da economia ocidental. Sua estratégia de conversibilidade administrada visa alcançar maior competitividade e abertura do sistema bancário, sem subordiná-lo à lógica rentista do mercado. Ela envolve saneamento de ativos podres, abertura de capital, atração de sócios estrangeiros estratégicos e descentralização do crédito. Ela também tenta desenvolver mercados *offshore* para operações em sua moeda, de modo a superar suas restrições para transações na conta de capital do balanço de pagamentos, que a limitam a investir os dólares do comércio na acumulação de reservas em títulos do governo norte-americano de baixo rendimento.

Apesar das várias iniciativas em curso, o yuan permanece escasso e inconversível, ou com conversibilidade limitada, em contratos comerciais e financeiros. Se não houver uma efetiva abertura do seu mercado financeiro nos moldes ocidentais, o yuan terá importância ainda crescente no comércio exterior e nos investimentos, mas ficará restrito ao âmbito regional. O grande passo que é transformá-lo em moeda-reserva relevante pode não ocorrer no horizonte previsível.

Integração monetário-financeira na América Latina

Para além do discurso de aprofundamento da cooperação internacional, o que se observa é uma intensa movimentação dos países emergentes no rumo de fortalecerem suas próprias regiões, em detrimento dos organismos onde sua voz parece não se fazer ouvir na dimensão do porte de suas economias. As preferências que afloram são pela criação de fundos monetários emergenciais e por instituições voltadas ao fortalecimento do financiamento ao desenvolvimento, "um resultado que prenuncia um conjunto mais fragmentado e descentralizado de regimes reguladores e uma modesta desglobalização do financiamento e da ajuda" (Woods, 2013).

Numa época com essas características, não parece um despropósito dizer que a América Latina carece de movimentos governamentais de integração ampla nas áreas monetária e financeira. O Mercosul, com seus períodos de avanço e retrocesso, ficou restrito a questões comerciais. Nos temas financeiros, os sucessivos governos brasileiros não foram além de servir como facilitadores de negócios para a internacionalização do capital financeiro para a região. O Fundo de Convergência Estrutural (Focem/Mercosul) procura reduzir as assimetrias regionais, o que favorece os países de menor desenvolvimento relativo, mas tem dimensão reduzida. A substituição do Convênio de Pagamentos e Créditos Recíprocos por Acordos de Pagamento em Moedas Locais também não envolve números expressivos até o momento, ainda que possa fazê-lo em eventuais situações de crise. Pode o Banco do Sul compatibilizar voto igualitário com aportes desiguais e com estrutura técnica profissional, o que o tornaria um instrumento singular na história, ou será apenas mais uma sigla de pouca importância como tantas outras na região?

A questão em aberto é como apreender e adaptar as transformações por que passam a Europa e a Ásia no sentido de fortalecer blocos regionais que lhes permitam enfrentar os desafios do século XXI. Será possível fazê-lo no ambiente politicamente fragmentado da região, onde uma área de livre comércio, a Aliança do Pacífico, parece destinada a se contrapor à união aduaneira do Mercosul? Possível é, desde que a visão se expanda para além das divergências políticas e se fixe nas históricas aproximações entre as nações do continente.

Referências bibliográficas

AGLIETTA, M. The European vortex. *New Left Review*, Londres, n.75, p.15-36, maio/jun. 2012.

_____. Le dollar, le yuan et le systeme monetaire international. *Alternatives Economiques*, L'Économie Politique, Paris, n.45, jan. 2010(a).

_____. Quelle reforme du systeme monetaire international?. *Alternatives Economiques*, Hors-série, Paris, n.84, fev. 2010(b).

_____; LANDRY, Y. *La Chine vers la superpuissance*. Paris: Economica, 2007.

_____; MAARECK, P. Developing the bond market in China: the next step forward in financial reform. *Économie Internationale*, Paris, n.111, p.29-53, 2007.

AHAMED, L. *Os donos do dinheiro*. Rio de Janeiro: Elsevier, 2010.

ALMEIDA, J. S. G.; REIS, C. Cadeias de valor: condições para a inserção brasileira. *Brasil Econômico*, Rio de Janeiro, 24 jun. 2013.

AUTORIDADE BANCÁRIA EUROPEIA. The EBA details the EU measures to restore confidence in the banking sector, página da web, 25 out. 2011.

BANCO CENTRAL DO BRASIL. Nota à Imprensa sobre Política Monetária e Operações de Crédito do SFN de 24.05.2013(c). Brasília, Departamento Econômico (BCB/DEPEC).

BANCO CENTRAL DO BRASIL. Composição e evolução do SFN. Brasília, Departamento de Organização do Sistema Financeiro (BCB/DEORF). Dados extraídos em maio de 2013(b).

_____. BC implanta recomendações de Basileia III. Assessoria de Imprensa, Brasília, 1 mar. 2013(a).

_____. Relatórios anuais de 2009 e 2011. Brasília, Departamento Econômico (BCB/DEPEC).

BANCO INTERAMERICANO DE DESARROLLO (BID). Bancos públicos de desarrollo: hacia un nuevo paradigma? Washington, 2013.

BANK FOR INTERNATIONAL SETTLEMENTS (BIS). Statistics on Effective Exchange Rates Indices. Atualizado em 16 abr. 2013.

_____. BIS Quarterly Review. Set. 2010.

BARROS, J. R. M. Fatores indutores e limitantes do crescimento brasileiro. Apresentação em seminário fechado. São Paulo, 6 jun. 2013.

BARROS, O. Apresentação Paulistano. São Paulo, Bradesco, 22 ago. 2012.

BATISTA JR., P. N. Tragédia grega. *O Globo*, Rio de Janeiro, p. 21, 19 jan. 2013(a).

_____. A mídia e a política estão dominadas pelo dinheiro. *Brasil Econômico*, Rio de Janeiro, 24 jun. 2013(b).

_____. Regulating global capital flows for long-run development. In: *Pardee Center Task Force Report*. Boston University, mar. 2012.

_____. Os Brics em Moscou. *O Globo*, Rio de Janeiro, 20 jul. 2013(c).

BAUDRILLARD, J. *América*. Rio de Janeiro: Rocco, 1986.

_____. *Simulacros e simulações*. Rio de Janeiro: Relógio D'água, 1981.

BELFRAGE, C. A. Challenges for strengthening Mercosul financial integration: lessons from the European experience. Documento apresentado no seminário de mesmo nome. Banco Central do Brasil, Brasília, 24 out. 2012.

BELLUZZO, L. G. M. O dólar e os desequilíbrios globais. *Revista de Economia Política*, São Paulo, v.25, n.3 (99), p.224-232, jul./set. 2005.

_____. Prefácio. In: MORRIS, C. *O crash de 2008*. São Paulo: Aracati, fev. 2009, p.9-29.

_____. *O capital e suas metamorfoses*. São Paulo: Unesp, 2012.

BERGSTEN, C. F. *Fifty Years after Bretton Woods*: the Future of the IMF and the World Bank. Washington: IMF e World Bank Group, 1995.

BIANCARELI, A. M. O Brasil e a integração na América do Sul: iniciativas para o financiamento externo de curto prazo. In: ACIOLY, L.; CINTRA, M. A. M. (Orgs.). *Inserção internacional brasileira*: temas de economia internacional. Brasília: Ipea, 2010, livro 3, v.2, capítulo 5, p.165-202.

BIS STATISTICS. Effective exchange rate indices. Atualizado em 16 jul. 2013.

BLANKENBURG, S.; KING, L.; KONZELMANN, S.; WILKINSON, F. Prospects for the Eurozone. *Cambridge Journal of Economics*, 37, 2013, p.463-477.

BOUGHTON, J. M. Why White, not Keynes? Inventing the postwar international monetary system. Washington, IMF (IMF Working Paper/02/52), mar. 2002.

BRAITHWAITE, T.; ALLOWAY, T. Wall Street volta à era dos grandes resultados. *Valor Econômico*, São Paulo, 22 jul. 2013, p.C1.

BRICS INFORMATION CENTRE. Media Note on the Informal Meeting of BRICS Leaders Ahead of the G20 Summit in St.Petersburg. St.Petersburg, 5 set. 2013.

CAMPOS, R. *A lanterna na popa*. Rio de Janeiro: Topbooks Editora e Distribuidora de Livros Ltda., 1994.

CANZIAN, F. Plano dos EUA subsidia risco e bolsa dispara. *Folha de S.Paulo*, 24 mar. 2009.

CARDIM DE CARVALHO, F. J.; SOUZA, F. E. P.; SICSÚ, J.; PAULA, L. F. R.; STUDART, R. *Economia monetária e financeira*: teoria e política. 2.ed. Rio de Janeiro: Campus, 2007.

CASTELLS, M. The informational economy and the new international division of labor. In: *The new global economy in the information age*. Pennsylvania State University Press, 1993.

CÉSAR, G. R. de C. Mecanismos regionais de liquidez em países em desenvolvimento. *Revista Tempo do Mundo*, Brasília, Ipea, v.4, n.3, dez. 2012, p.97-152.

CIA, E. E. M. O Banco do Sul, seus dilemas e os divergentes projetos de integração regional para a América do Sul. Dissertação de mestrado. Campinas: Instituto de Economia/Unicamp, 2012.

CINTRA, M. A. M. Caracterização dos fundos, delimitação conceitual, experiências internacionais e enfoques teóricos. Relatório 1 da pesquisa O Brasil na era da globalização: condicionantes domésticos e internacionais ao desenvolvimento; crédito direcionado e desenvolvimento econômico no Brasil; o papel dos fundos públicos. Campinas: IE/Unicamp, 2008.

_____.; FAHRI, M. A crise financeira e o *global shadow banking system*. *Novos Estudos*, São Paulo, Cebrap, n.82, nov. 2008.

_____.; MARTINS, A. R. A. O papel do dólar e do renminbi no sistema monetário internacional. In: CINTRA, M. A. M.; MARTINS, A. R. A. (Orgs.). *As transformações no sistema monetário internacional*. Brasília, Ipea, capítulo 7, p.211-322, 2013.

COHEN, B. J. Um paraíso perdido? O euro pós-crise. In: CINTRA, M. A. M.; MARTINS, A. R. A. (Orgs.). *As transformações no sistema monetário internacional*. Brasília, Ipea, capítulo 2, p.85-100, 2013.

_____. The future of the euro: let's get real. *Review of International Political Economy*, 19:4, out. 2012, p.689-700.

_____. Toward a leaderless currency system, ed. Eric Helleiner and Jonathan Kirshner, prepared for "Whither the Key Currency? American Policy and the Global Role of the Dollar en the 21st Century", Global & International Studies, University of California, Santa Barbara, 1 jan. 2009.

CONFERÊNCIA DAS NAÇÕES UNIDAS PARA COMÉRCIO E DESENVOLVIMENTO (UNCTAD). UNCTADSTAT Data base. Informações extraídas em 31 jul. 2013 de investimento direto estrangeiro e exportações de países da América Latina.

_____. Trade and Development Report 2009 e 2010. Genebra.

CÚPULA SOCIAL DO MERCOSUL. Cúpula Social do Mercosul rejeita aproximação com Aliança do Pacífico. Montevidéu, 10 jul. 2013.

DE GRAUWE, P. Only a more active ECB can solve the euro crisis. Centre for European Policy Studies (Policy Brief, n. 250), Bruxelas, ago. 2011.

DER SPIEGEL. Houve uma clara crise de confiança, 6 set. 2011.

EICHENGREEN, B. *Globalizing capital*: a history of the international monetary system. Nova Jersey: Princeton University Press, 1996.

EICHENGREEN, B. *Privilégio exorbitante*. Rio de Janeiro: Elsevier, 2011.

_____. The dollar dilemma the world's top currency faces competition. *Foreign Affairs*, 88, n.5, p.53-68, 2009.

FAHRI, M.; CINTRA, M. A. M. Réquiem para o *shadow banking system*. *Valor Econômico*, São Paulo, 30 set. 2008, p.A12.

FEDERAL RESERVE SYSTEM. Flow of funds accounts of the United States: annual flows and oustandings, 1945-2012. Washington, 7 mar. 2013.

FIORI, J. L. O custo intangível do fracasso europeu. *Valor Econômico*, São Paulo, 22 set. 2011, p.A15.

FMI. IMF Lending Arrangements as of August 31, 2013. Dados extraídos em 16 de setembro de 2013.

_____. Global Financial Stability Report. A Report by the Monetary and Capital Markets Department on Market Developments and Issues. Washington, abr. 2013.

_____. Selected indicators on the size of the capital markets, 2011. Global Financial Stability Report, Statistical Appendix. Washington, ago. 2013.

_____. World Economic Outlook Database. Washington, out. 2012, abr. 2013 e out. 2013.

_____. Liberalizing capital flows and managing outflows. Aprovado por Jan Brockmeijer, David Marston e Jonathan D. Ostry. Washington, 13 mar. 2012.

_____. Global Shadow Banking Monitoring Report 2012. Washington, 18 nov. 2012.

_____. Recent experiences in managing capital inflows: cross-cutting themes and possible policy framework. Aprovado por Reza Moghadam. Washington, 14 fev. 2011.

_____. The Fund's role regarding cross-border capital flows. Washington, 15 nov. 2010.

_____. Capital Inflows: the role of controls. Preparado por OSTRY, J. D. *et al.*, Washington, 19 fev. 2010.

_____. IMF's Independent Evaluation Office Announces Release of Report on the IMF's Approach to Capital Account Liberalization.

Washington, Independent Evaluation Office (IEO) of the IMF (Press Release n.05/02), 25 maio 2005.

FMI. Global Financial Stability Report: responding to the financial crisis and measuring systemic risks. Washington, abr. 2009.

_____. Global Financial Stability Report. Washington, abr. e out. 2010 e set. 2011.

_____. World Economic Outlook Database. Washington. Diversas edições, a última de out. 2012.

_____. IMF Statistics Department COPER data base and International Financial Statistics. Washington. Dados extraídos em abr. 2013.

_____. Global Financial Stability Report. Washington, abr. 2009, maio 2010, out. 2010 e set. 2011 (capítulo 2).

_____. Taking stock: a progress report on fiscal adjustment. Fiscal Monitor, Washington, out. 2012.

_____. World Economic Outlook. Washington, jan. 2013.

FOCEM. Fundo para a Convergência Estrutural e o Fortalecimento da Estrutura Institucional do Mercosul. Manual para apresentação de estudos de viabilidade socioeconômica para obtenção de recursos do Fundo. Ministério do Planejamento, Orçamento e Gestão, Secretaria de Planejamento e Investimentos Estratégico, 2008.

FREITAS, M. C. P. A internacionalização do sistema bancário brasileiro. Brasília, Ipea (Texto para Discussão n.1.566), jan. 2011.

G-20. London Summit: Leaders' Statement, 2 abr. 2009.

_____. Declaração da Cúpula de Seul, 11-12 nov. de 2010(b).

_____. The G-20 Toronto Summit Declaration, 26-27 jun. 2010(a).

_____. The Cannes Summit: What Outcomes? In: Reform of International Monetary System, banking regulation, item 3. França, 4 nov. 2011.

_____. Los Cabos G 20 Leaders Declaration. México, 18-19 jun. 2012.

_____. Communiqué, Meeting of Finance Ministers and Central Bank Governors. Moscou, 15-16 fev. 2013(a).

_____. G20 Leader's Declaration. Moscou, 6 set. 2013(b).

G-20 INFORMATION CENTRE. President Bush Attends Summit on Financial Markets and the World Economy. Washington, 15 bov. 2008.

GALLAGHER, K. P. Should China deregulate finance? *The Globalist*, 17 jul. 2013, p.1-4 (também publicado como "Desregulamentação financeira" no jornal *Valor Econômico*, São Paulo, 29 jul. 2013, p.A11).

_____. Brazil: emerging markets can regulate global finance. *Financial Times*, 10 jul. 2012.

_____.; GRIFFITH-JONES, S.; OCAMPO, J. A. Regulating global capital flows for long-run development. In: *Pardee Center Task Force Report*, Boston University, mar. 2012.

GAMBA, T. V. S. Acordo da Basileia: implementação no Brasil, impactos e tendências. Trabalho de conclusão do curso de negociações internacionais, Unesp, 2009.

GREELEY, B. Crise da dívida na Europa põe a Alemanha no divã. *Valor Econômico*, São Paulo, 29 set. 2011, p.A11.

GREENBERG, C. Pintura moderna. In: COTRIM, C.; FERREIRA, G. (Eds.). *Clement Greenberg e o debate crítico*. Rio de Janeiro: Zahar, 2001.

GRIFFITH-JONES, S.; OCAMPO, J. A. Global governance for financial stability and development. In: Initiative for Policy Dialogue Working Paper Series (IPD), Columbia University, 2011.

HARVEY, D. *A condição pós-moderna*: uma pesquisa sobre as origens da mudança cultural. São Paulo: Loyola, 1989.

INSTITUTO DE ESTUDOS PARA O DESENVOLVIMENTO INDUSTRIAL (IEDI). O lugar do Brasil nas cadeias globais de valor. Carta IEDI, São Paulo, n.578, 2 jul 2013(a).

_____. Subsídios à indústria chinesa, em especial às indústrias de aço, papel e autopeças. Carta IEDI, São Paulo, n.582, 26 jul. 2013(b).

_____. Os fluxos de capitais para o Brasil no primeiro semestre de 2013. Carta IEDI, São Paulo, n.586, 23 ago. 2013(c).

JAMESON, F. *Postmodernism or the cultural logic of late capitalism*. Durham: Duke University Press, 1991.

JOHNSON, S. O medo da reforma do setor bancário. *Valor Econômico*, São Paulo, 26 jul. 2013.

KREGEL, J. Some simple observations on the reform of the international monetary system. Levy Economics Institute of Bard College (Policy Note, 2009/8), 2009.

_____. An alternative perspective on global imbalances and international reserve currencies. Levy Economics Institute of Bard College (Public Policy Brief, n.116), out. 2010.

KREGEL, J. Regulação financeira dos Estados Unidos: a lei Dodd--Frank de reforma de Wall Street e proteção do consumidor. In: CINTRA, M. A. M.; GOMES, K. da R. (Orgs.). *As transformações no sistema financeiro internacional*. Brasília: Ipea, v.1, 2012, capítulo 2, p.31-80.

KRUGMAN, P. A mística do mercado. *Folha de S.Paulo*, Caderno Dinheiro, 28 mar. 2009(a).

_____. Desespero na política financeira. *New York Times/FSP*, 24 mar. 2009(b).

_____. O estágio final da crise. *New York Times/FSP*, 20 set. 2008.

KUGELMAS, E. O Fundo Monetário aos sessenta anos: em busca de um novo papel? Boletim de Economia Política Internacional. Campinas: Ceri/IE/Unicamp, 2005, 25/26.

LAMUCCI, S. Volcker critica atraso da "regra de Volcker". *Valor Econômico*, São Paulo, 15 maio 2013.

MALBERGIER, S.; AITH, M. Entrevista Henrique Meirelles: juros ao consumidor devem cair mais rápido. *Folha de S.Paulo*, 13 set. 2009, p.B6.

MCKINSEY GLOBAL INSTITUTE (MGI). Financial globalization: retreat or reset? Global Capital Markets, mar. 2013.

_____. Global capital markets: entering a new era, set. 2009.

_____. Mapping global financial markets 2011, ago. 2011.

MENDONÇA, A. R. R. O acordo de Basileia de 2004: uma revisão em direção às práticas de mercado. *Política internacional, análise estratégica*. n.2, Unicamp, jul.-set. 2004.

MOREIRA, A. Bancos europeus têm 8% dos ativos em títulos soberanos. *Valor Econômico*, São Paulo, 6 set. 2011, p.C10.

_____. Risco de ruptura do euro foi uma invenção. *Valor Econômico*, São Paulo, 15 fev. 2013, p.A16.

MORRIS, C. R. *O crash de 2008*. São Paulo: Aracati, 2009.

NAKANO, Y. A recessão da deflação de ativos. *Valor Econômico*, São Paulo, 10 fev. 2009, p.A9.

OCAMPO, J. A. Why should the global reserve system be reformed. Friedrich Ebert Stiftung (FES Briefing Paper, n.1), jan. 2010.

_____. Capital flows and macroprudencial regulation. Apresentação no seminário Managing the capital account regulating the financial sector: a developing country perspective, BNDES, Rio de Janeiro, 23-24 ago. 2011.

OECD STATISTICS. Paris. Indicadores colhidos no site em 5 dez. 2012.

ONU. Report of the Commission of Experts of the President of the United Nations General Assembly on Reforms of the international Monetary and Financial System. Nova York, 24-26 jun. 2009.

PRASAD, E.; YE, L. The renminbi's role in the global monetary system. Washington, Global Economy and Development at Brookings Institutions, fev. 2012.

RAMALHO, I. Integração sul-americana: mitos e verdades. *Folha de S.Paulo*, 13 jul. 2013.

REAGAN, R. Ronald Reagan 1981 Inaugural Address. Disponível em: <http://www.youtube.com/watch?v=ajlvUj3rwo>.

ROSSI, P. O mercado internacional de moedas: o *carry trade* e a taxas de câmbio. Campinas: Cecon/IE/Unicamp, Observatório da Economia Global (Texto Avulso, n.5), out. 2010.

ROUBINI, N. O sistema financeiro paralelo se desfaz. Especial para o *Financial Times/Folha de S.Paulo*, 22 set. 2008.

_____. Abaixo a zona do euro. *Folha de S.Paulo*, 13 nov. 2011, p.B7.

SENDER, H. Norma rígida na China faz crescer crédito informal. *Financial Times/Valor Econômico*, 4 abr. 2011.

SILVA, L. A. S. Nota acerca das tendências recentes de financiamento aos países de menor desenvolvimento relativo. Boletim de Economia e Política Internacional, n.13. Brasília, Ipea, mar. 2013(c), p.81-94.

_____. O desenvolvimento de zonas monetárias regionais. In: CINTRA M. A. M.; MARTINS, A. R. A. (Orgs.). *As transformações no sistema monetário internacional*. Brasília: Ipea, capítulo 6, p.175-210, 2013(b).

_____. As propostas de reforma do sistema monetário internacional. In: CINTRA M. A. M.; MARTINS, A. R. A. (Orgs.). *As transformações no sistema monetário internacional*. Brasília: Ipea, capítulo 5, p.147-174, 2013(a).

_____. Desigualdade de cotas no FMI: maior participação dos países emergentes em detrimento de países europeus. In: Temas de uma agenda estratégica entre Brasil e União Europeia, série Relações

Brasil-Europa, v.3, capítulo 3, p.77-98, Fundação Konrad Adenauer, Brasil, 11 ago. 2014.

SILVA, L. A. S. Fluxos de capitais para os países emergentes: o caso do Brasil. In: CINTRA, M. A. M.; GOMES, K. da R. (Orgs.). *Economia internacional e nova arquitetura financeira*. Brasília: Ipea, capítulo 8, 2014.

_____. O desequilíbrio monetário internacional nos anos 2000. In: CINTRA, M. A. M.; GOMES, K. da R. (Orgs.). *As transformações no sistema financeiro internacional*. Brasília: Ipea, v.2, capítulo 14, 2012a, p.547-572.

_____. Reflexões acerca da crise da zona euro. Ensaio, n.11, publicado no site do IEEI-Unesp, São Paulo, fev. 2012(b). Disponível em: <http://www.ieei-unesp.com.br/portal/wp-content/uploads/2012/02/ENSAIO-DO-IEEI-11.pdf>.

_____. A crise da zona euro e o sistema financeiro europeu, publicado no site Ipea-Dinte, Brasília, 6 jan. 2012(c). Disponível em: <http://www.ipea.gov.br>.

_____. Finanças internacionais e regimes cambiais. In: AYERBE, L. F.; BOJIKIAN, N. M. P. (Orgs.). *Negociações econômicas internacionais*: abordagens, atores e perspectivas desde o Brasil. São Paulo: Unesp, capítulo 15, 2011(a), p.315-341.

_____. Changing the paradigm: What does Brazil want form the G-20. Publicado no site do International Public Policy Research (IPPR), na seção "Yes we Cannes", em 2 nov. 2011(b). Disponível em: <http://www.ippr.org>.

_____. A política de crédito brasileira na crise de 2008. *Revista Oswaldo Cruz Conjuntura*, São Paulo, mar. 2010. Disponível em: <http://www.oswaldocruz.br/graduação>.

_____. Sistema financeiro internacional: quo vadis? Publicado no site do Instituto de Estudos de Economia Internacional (IEEI)/Unesp, set. 2009. Disponível em: <http://www.ieei-unesp.com.br/publicações/ensaio>.

SINN, H.-W. How to rescue the euro: ten commandments. 3 out. 2011. Disponível em: <http://www.voxeu.org>.

SOMO CENTRE FOR RESEARCH ON MULTINATIONAL CORPORATIONS. New Economic Governance: the EU sticks to neo-liberal recipes. Issue 7, jul. 2011.

SOROS, G. Wall Street não está afundando, Wall Street está em crise. *Le Monde/Folha de S.Paulo*, 20 set. 2008.

_____. Como recapitalizar o sistema bancário. Especial para o *Financial Times/Folha de S.Paulo*, 2 out. 2008.

SOROS, G. Pensar o impensável na Europa. *Valor Econômico*, São Paulo, 16 set. 2011, p.A15.

_____. The tragedy of the European Union and how do resolve it. *The New York Review of Books*, 27 set. 2012. Disponível em: <http://www.nybooks.com>.

STIGLITZ, J. *The Price of Inequality*. W.W. Norton, jun. 2012(a).

_____. *Valor Econômico*, São Paulo, 10 out. 2012(b).

_____. *The Role of International Financial Institutions in the Current Global Economy*. Chicago, 1998.

SUMMERS, L. Building an international financial architecture for the 21st Century. *Cato Journal*, v.18, n.3, p.321-329, 1999.

TAVARES, M. C.; FIORI, J. L. A hegemonia americana. *Lua Nova*, São Paulo, n.50, 2000, p.207-235.

VALOR ECONÔMICO. Brics reclamam de atraso em mudanças no FMI. São Paulo, 22 jul. 2013(a), p.A11.

_____. EUA sinalizam que o voto do Brasil não vai aumentar no FMI. São Paulo, 12 ago. 2013(b), p.C1.

VERON, N. The European debt and financial crisis: origins, options. Congressional Testimony submitted to the U.S. Senate Committee on Banking, Housing and Urban Affairs, 22 set. 2011a.

_____. Eurozone banks must be freed from national capitals. VOX Research-based policy analysis and commentary from leading economists, 13 out. 2011b.

VIEIRA, J. L. C. Novo regramento do capital estrangeiro. *Revista de Direito Bancário e do Mercado de Capitais*, n.30, out./dez. 2005). São Paulo: Revista dos Tribunais, p.157-219.

WAGSTYL, S. Currency wars: Brazil-style capital controls have "zero" effect. *Financial Times*, Londres, 18 set. 2012.

WALL, P. EU crisis: no light in the tunnel. EU Financial Reforms newsletter, SOMO and WEED, Issue 18, 29 maio 2013.

_____. Fourteenth EU crisis summit decides on fiscal pact. SOMO Centre for Research on Multinational Corporations, Issue 10, fev. 2012.

WILLIAMSON, J. Understanding Special Drawing Rights (SDRs). Washington, Peterson Institute for International Economics (Policy Brief, n.PB09-11), jun. 2009.

WOODS, N. As instituições mundiais após a crise. *Valor Econômico*, São Paulo, 11 set. 2013, p.A15.

WORLD BANK. *Global Development Horizons 2011*. Multipolarity: The New Global Economy. Washington, D.C. 2012.

SOBRE O LIVRO

Formato: 14 x 21 cm
Mancha: 23 x 44,5 paicas
Tipologia: Iowan Old Style 10/14
Papel: Pólen Soft 80 g/m^2 (miolo)
Cartão Supremo 250 g/m^2 (capa)
1ª edição: 2015

EQUIPE DE REALIZAÇÃO

Capa
Estúdio Bogari

Edição de Texto
Luís Brasilino (Preparação de Original)
Carmen Simões da Costa (Revisão)

Editoração Eletrônica
Eduardo Seiji Seki (Diagramação)

Assistência Editorial
Alberto Bononi

GRÁFICA PAYM
Tel. [11] 4392-3344
paym@graficapaym.com.br